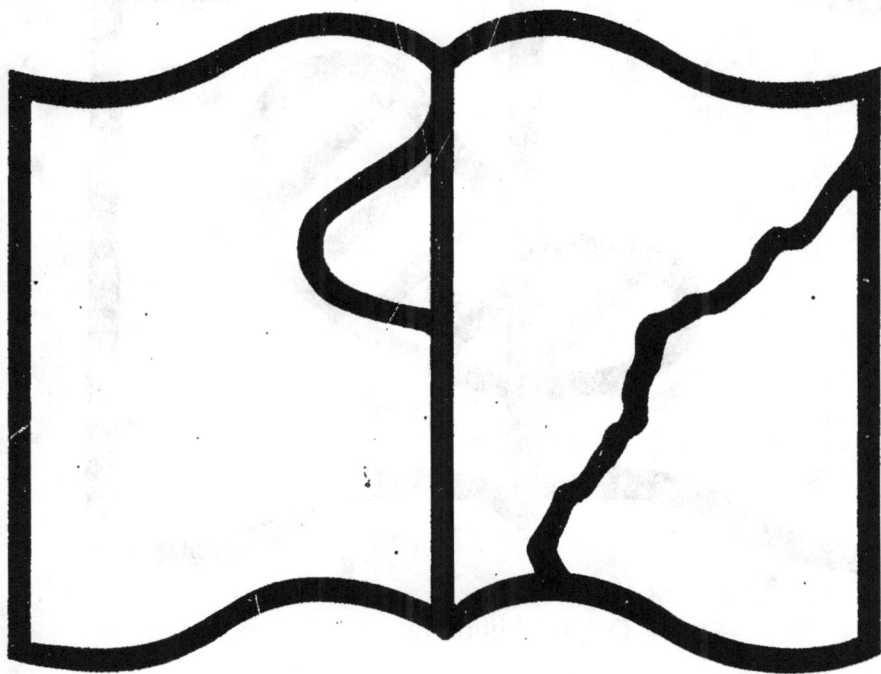

Texte détérioré — reliure défectueuse

NF Z 43-120-11

Symbole applicable
pour tout,ou partie
des documents microfilmés

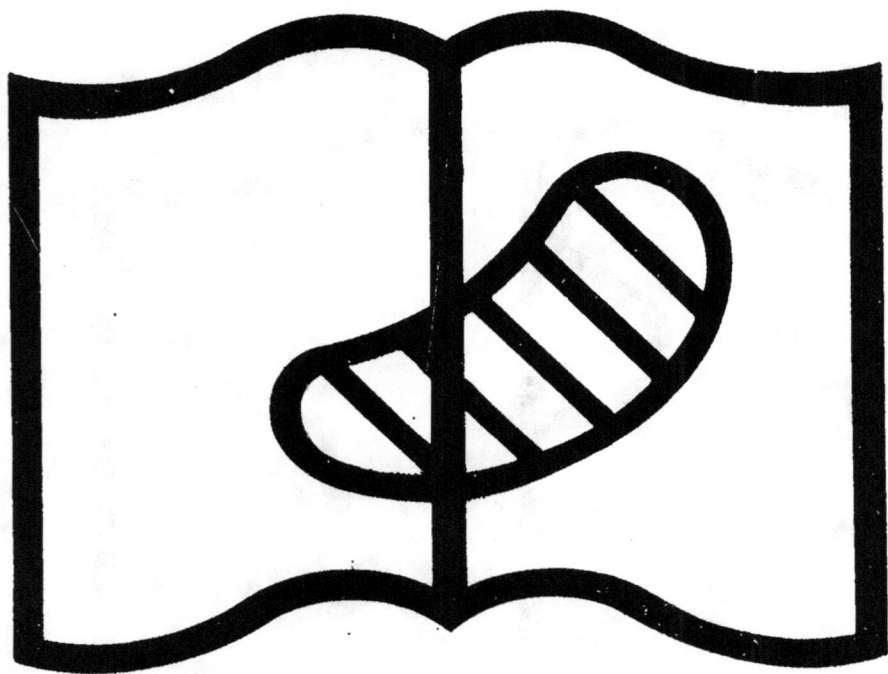

Original illisible

NF Z 43-120-10

Symbole applicable
pour tout,ou partie
des documents microfilmés

J. RAGANEAU

—※—

GUERRE

ET

MISÈRE

La Solution

BORDEAUX

IMPRIMERIE NOUVELLE DEMACHY, PECH & Cⁱᵉ

16 — rue Cabirol — 16

1897

POLITIQUE
UNE SCIENCE AU LIEU D'UN ART

Deuxième édition qui comprendra cinq volumes :

NOUVEAU PROGRAMME RÉPUBLICAIN

On gouverne par :

De bonnes Armes ;

De bonnes Lois ;

De bonnes Mœurs ;

De bonnes Élections.

ÉCONOMIE POLITIQUE

EN PRÉPARATION :
LA SPÉCULATION

GUERRE ET MISÈRE

>✕<

La Solution

>✕<

Trois choses sur lesquelles
il ne doit être permis à personne d'hésiter :

Le Droit;
La Moralité;
La Valeur.

TOME SIXIÈME

PRÉFACE

J'ai essayé d'aborder, dans ces quelques notes, et sous une forme exempte d'abstraction, toutes les plus grandes questions de notre ordre politique et social.

Parmi les plus menaçantes, sont celles de la guerre et de la misère.

Ce n'est pas assez faire que de s'en préoccuper ou d'essayer de s'en préserver, il faut les résoudre, et les résoudre, d'une manière assez nette et assez concluante, pour ne laisser aucun doute.

Sont-ce là, les solutions que j'apporte? Au lecteur d'en juger.

Dans tous les cas, ce sont des solutions qui, en raison des ruines et des malheurs qu'elles renferment, ne sauraient se faire attendre indéfiniment.

LIVRE PREMIER

—

POLITIQUE

———

CHAPITRE PREMIER

———

I

La politique est un art pour les uns, une science pour les autres. Mais le peuple donnera toujours sa préférence aux artistes, et c'est pour cela, qu'il sera toujours si mal gouverné.

— Il y a même, dans ce cas, une Droite et une Gauche (1), parce que, quand il a été rasé d'un côté, il faut le raser de l'autre.

**

Il est infiniment plus difficile de faire de la politique une science que d'en faire un art, parce que la première

———

(1) Inutile de dire, à cause de leurs changements si fréquents de dénominations, que nous avons, pour le moment :
Du côté droit : les ralliés, les conservateurs républicains, les opportunistes.
Du côté gauche : les progressistes, les radicaux, les radicaux socialistes, les socialistes.

demande beaucoup de savoir et d'honnêteté, et que la seconde ne demande que de prétendus malins et de véritables imbéciles.

**

Qu'est-ce que gouverner ? Sur cent gouvernants, cent réponses différentes; or, s'il y a cent manières de mal gouverner, il n'y en a qu'une de bien gouverner.

**

Justin, qui a sa montre à arranger, la porte à un horloger, qui lui dit : « Il y a une roue à changer; si elle ne va pas, j'en mettrai une seconde, et une troisième, et tu me les paieras. » Justin rapporte sa montre et ne le veut point pour son horloger; mais il le prendra pour son député, ce qui, au point de vue des impôts qu'il paie, est exactement la même chose.

**

Toute faute, toute erreur, tout crime politique se paie; seulement ce sont les innocents qui paient pour les coupables, si tant est, qu'en démocratie, ils soient réellement innocents.

**

Il semble que ce devrait être, avant les dégâts et la destruction, qu'on devrait pouvoir juger des programmes et des gens. Pas du tout, ce n'est que quand le mal est fait, le monde tué et ruiné, qu'on dit : Nous avions affaire à de tristes gens.

**

Il y a un excellent moyen d'empêcher un peuple d'être

gouverné et d'être bien gouverné : c'est de lui dire qu'il est souverain.

***

Que répondrais-tu, Rupestris, si travaillant ta vigne toi-même, je te disais que tu dois, néanmoins, payer fort cher des vignerons ?

***

Faire de la politique une science, c'est le moyen de la rendre, non seulement honnête et abordable aux honnêtes gens, mais de la rendre une et universelle.

***

Quand on parle de la politique on parle d'une science ; mais quand on parle politique, on peut parler, sans le savoir, de tout autre chose.

***

La vie du corps politique, comme celle du corps humain, n'est pas autre chose qu'une circulation, celle des volontés, avec leur point de départ et d'arrivée ou solution.

II

On ne se met pas, on parvient, on arrive en démocratie. Aussi ne devrait-on pas commencer, mais finir par être démocrate.

***

L'électeur démocrate qui jusqu'ici n'a pas été trompé,

paraît être celui qui a vendu sa voix pour un petit verre ou un litre de vin et qui s'est fait payer comptant.

**

On organise une démocratie, en organisant les volontés, c'est-à-dire, en en faisant de bonnes volontés ou des volontés qui aient de la valeur.

**

La Volonté ou les volontés politiques ou directrices ne se laissent guider que par elles-mêmes et par les termes et les éléments qu'elles renferment (1); et ce n'est qu'à ce titre qu'elles sont gouvernement et commandement.

**

On ne gouverne pas avec les idées de l'entendement ni les formules de la raison, mais avec les actes et les formules de la volonté.

— Et quand les volontés ne sont pas fortement encadrées, comme, par exemple, dans les Monarchies, dans la Famille, la Religion, la Propriété, ces volontés se détachent et tout s'égrène et s'en va à la débandade.

— Et comme toute amélioration et toute réforme deviennent impossibles, on tombe alors dans les révolutions, mais de mauvaises révolutions, sans valeur aucune, causes de misère et de ruine.

**

Le raisonnement doit être au service de la volonté ;

---

(1) Volonté déterminée par elle-même d'une manière universelle.

KANT.

à plus forte raison, l'économie politique doit-elle suivre et non pas commander.

III

Liberté et Égalité.

—

Plus-value.

Quand l'Homme marche sur la terre, en comptant ses pas, ou qu'il se repose en comptant ceux qu'il a faits, le tout à sa volonté (1), ou même quand il dit : « Je veux », il y a là :

Un point de départ ;

Une existence ;

Le mouvement ;

Et un rapport commun ou mesure.

— Que ces actes de la volonté viennent à s'imprimer dans le cerveau ou l'entendement et s'y réfléchissent ; on a alors les impressions ou idées de liberté, d'égalité, de progrès et de conservation.

— Que ces idées et impressions passent dans les mouvements du corps, elles deviennent les habitudes ou aptitudes professionnelles de production, de consommation, de commerce ou mesure et de spéculation.

— Et qu'enfin, ces professions s'adaptent et approprient le monde et les objets matériels, tout alors, et l'univers lui-même, devient produit, marchandise, objet de spéculation et de consommation.

---

(1) Volonté est réalité.

SCHOPENHAUER.

Et telle est notre organisation générale, notre ordre politique, intellectuel et social (1).

— C'est un homme qui veut penser, agir, dans un but de bien et de satisfaction, *satis facere*, faire assez, point de départ et d'arrivée ou solution.

— C'est donc à cette satisfaction ou solution que doivent obéir volontairement, ou librement, la volonté, l'entendement et les professions.

Et c'est la volonté qui est le premier des serviteurs de cette solution, ce qui a fait dire, à juste titre, que celui qui ne savait pas obéir ne savait pas commander.

***

Quand la volonté a pu se persuader que l'intelligence et la raison ne travaillaient que sur ses données, il s'établit, entre elles, un certain lien et accord, et c'est dans ce sens que nous avons dit : gouverner ou raisonner (2).

***

Quand la volonté a pu se convaincre que l'intelligence et la raison travaillaient sur ses données, et les professions sur les données de l'intelligence et de la volonté, l'union, l'harmonie, s'établissent et règnent entre elles, et c'est cet accord, cette harmonie qui dans la volonté s'appelle le Droit; dans l'intelligence, l'Honnêteté; dans le monde économique, la Valeur.

— Il n'y a donc, en fait de gouvernement ou de direction, ni aristocratie, ni démocratie, ni république, ni

---

(1) Art des systèmes, — un tout articulé et non juxtaposé et ajouté.

KANT.

(2) Souverain bien, — action réciproque de la Raison et de la Volonté.

SAINT THOMAS D'AQUIN.

monarchie; mais un seul gouvernement, celui du Droit, de l'Honnêteté et de la Valeur.

**

La valeur d'un homme, la valeur d'un objet quelconque consiste, pour les deux, à se bien comporter, *benè stare* : être produit, estimé, choisi ou préféré, utilisé. Et c'est cette même bonne conduite et tenue, *valere*, qui pour la volonté est encore le Droit; pour l'intelligence, la Moralité; pour l'économie sociale, la Valeur.

— Tout peut donc se ramener à cette seule et même unité : la Valeur.

— Et c'est cette même unité et indivisibilité, je pourrais dire cette fraternité de la Valeur, de l'Honnêteté et du Droit, qui fait la République une et indivisible, une République de Valeur et de Vertu.

IV

Carillon, un honnête républicain de gouvernement, dira bien : « La morale est une. »

Mais, si je lui dis : « Le Droit est un. La Valeur est une », il se dérobe. Et si j'ajoute qu'ils ne forment qu'une seule et même unité, le voilà qui fuit.

— Mais faites-moi comprendre cette unité? répond-il.

— Ne dites-vous pas la valeur juridique, la valeur morale, la valeur économique? Et comme toute valeur a son prix, ne dites-vous pas également : l'impôt ou le prix de la Constitution ou droit constitutionnel; la récompense ou le prix de la vertu; le prix ou estimation de la volonté? Tout, dans le monde, peut donc se ramener à ces deux termes : la Valeur et le Prix. Et la formule générale devient :

A chacun suivant sa Valeur.

— Vous me paraissez jongler avec les idées; mais comme je suis honnête et que je crois, comme vous, qu'une société ne saurait se passer de Droit, d'Honnêteté et de Valeur, j'y réfléchirai. Seulement vous ne devez pas oublier que votre Valeur, quel que soit son cadre ou ordre individuel ou social, doit produire une plus-value, c'est-à-dire, doit faire que la nation prospère, s'enrichisse, et chacun de nous avec elle.

— D'accord.

— Que si son avoir ou revenu est de 10, il doit devenir de 12; de même que si le mien est de 2, il doit devenir de 3, et qu'il en soit ainsi de mon voisin, qui du fait de la société, ne devra jamais perdre ce que j'aurai gagné.

— Très bien; mais ce surplus et plus-value soit individuelle ou sociale, vous ne l'aurez également qu'en la payant à son prix.

— Un mot de plus. Je ne comprends pas que si la valeur est une et consiste à se bien comporter et remplir bien son but, *valere*, une épingle qui remplit bien son but et un tableau le sien, aient une différence de prix si considérable.

— Le rayon d'utilité ou le prix de l'épingle, si vous admettez cette comparaison, est infiniment petit; celui du tableau peut être infiniment grand, ce qui fait la différence de prix : mais les rapports ou proportions du cercle ou de la valeur, qu'il soit grand ou petit, sont exactement les mêmes, fixes et invariables; il en est de même du Droit et de la Moralité.

— Et maintenant, pour y revenir, ceux qui font de la politique un art et qui sont des *artistes* de gouvernement, qui, d'après vous, ne sauraient valoir grand'chose, comment et combien devrai-je les payer pour les payer à leur valeur?

— Vous devrez les payer en vous en débarrassant.

CHAPITRE II

I

Le parlementarisme est cet essai, aujourd'hui, en politique, de faire prévaloir la raison sur la volonté (1).

***

Si les actes de la volonté sont des actes de liberté, d'égalité, de progrès et de conservation, il n'y a qu'à les voir dans leurs rapports et mouvement et non pas dans l'entendement.

— Qu'au lieu donc de compter ses pas sur la terre, l'Homme y compte et rassemble des voix ou des volontés, la formule devient :

Si je vote dans une assemblée électorale, quelle qu'elle soit, j'ai ainsi, par le fait, dans cette addition de suffrages : un rapport progressif;

Dans l'arrêt, total de cette progression, majorité et minorité : un rapport statique, conservateur;

Dans mon vote pris comme unité ou mesure : un rapport égal;

Dans le choix, à mon gré ou liberté, de prendre pour point de départ de mon opération ou déduction, l'un ou l'autre de ces rapports : un rapport libre.

Et ce sont ces rapports ou actes de la volonté qui constituent, qui sont ou plutôt qui doivent être, nos corps politiques.

---

(1) Raison, non volonté, base du pouve...

Guizot. (*Gouv. représ.*)

Autrement dit : un Sénat de liberté, une Chambre d'égalité ou de justice et un Suffrage universel, majorité et minorité ou majorité moindre, c'est-à-dire, progression, et totalité, arrêt ou conservation.

Tel est le cadre exempt de conflit et de contradiction d'un bon parlementarisme qui doit cette bonté et valeur à cette absence de contradiction, et qui peut rendre toute réforme, toute amélioration matérielle, possible et durable (1).

***

Toute satisfaction, *satis facere*, ou solution politique, étant contenue dans ce cercle (2), cours ou direction de Gouvernement ou Raisonnement, consiste donc, pour la volonté à le vouloir, pour l'intelligence à le connaître; pour les professions à le réaliser dans le monde réel ou matériel.

Et je peux même ajouter, dès le début, sauf à le démontrer, dans la suite, que c'est dans ce cercle d'activité et de volonté humaine, un cercle toujours en cours, toujours ouvert à tous et actionné à la fois et de concert, pour plus de garantie, par la Liberté ou le Droit, l'entendement ou l'Honnêteté, l'économie sociale ou la Valeur, — si intimement unis et associés qu'ils ne forment plus qu'une seule et même unité, appelée Valeur. — Je peux ajouter, dis-je, que c'est dans ce cercle de Valeur, ainsi formulé et raisonné, qu'est la solution du problème social, c'est-à-dire, la fin et la disparition de la guerre et de la misère.

---

(1) Nous donnons, dans nos premières publications, une direction politique raisonnée, un cadre de volontés, comme garantie de la vie et de la fortune des individus, — intérêts aujourd'hui trop considérables pour pouvoir dépendre et courir les risques d'une politique d'art ou d'expériences.

(2) La vraie connaissance est un cercle.

HEGEL.

***

La Volonté ou le Gouvernement, l'entendement ou la Raison, l'économie politique ou les professions, sont comme trois montres qui ont, et doivent avoir, le même mécanisme et dont la première, celle de la volonté, doit régler les deux autres. Mais c'est toujours la bonté, bonne tenue ou bonne marche de la montre qui en est et en fait la valeur. On dit d'elle : elle va bien, *valet*. Tel est le gouvernement.

II

Moins-value.

Quand l'Homme marche ou s'arrête sur la terre, sans compter ses pas, c'est un conquérant, et ce peut être un conservateur. Mais ce n'est ni un homme juste, ni un homme libre. Ce n'est donc pas un homme droit et, par conséquent, de valeur.

Ce manque de valeur est ici dans l'oubli des grands principes de liberté et d'égalité de nos pères.

— Or, de même que toute valeur a sa plus-value ou élévation, tout manque de valeur a sa moins-value ou dépression; cette dépression ou moins-value, c'est le dualisme ou la contradiction.

***

Quand les volontés sont dualistes, les idées sont contradictoires, et les professions concurrentielles :

Mouvement et repos;

Progrès et conservation;

Production et consommation.

C'est la même antithèse et la même contradiction qui, dans la politique, produit la guerre et, dans l'économie sociale, la misère.

***

Tout donc, par le même fait, se partage et divise en deux, dans le monde politique et social ; et c'est nécessairement l'inégalité ou le plus ou moins d'un côté et de l'autre qui fait l'oscillation, le courant ou mouvement de l'un à l'autre terme :

Fort et faible, majorité et minorité, gouvernant et gouverné, riche et pauvre, capital et travail, etc., etc.

Et comme tout ne marche, et ne peut marcher, que par esprit de concurrence et de lutte et dans un sens opposé, chacun, par le fait de cette contradiction sociale, en arrive, tout aussitôt, à ne voir que ce qui le concerne, son parti, sa fortune et son intérêt particulier.

***

Quand la volonté, qui a ainsi dévié, ne vaut rien, et peut être un danger, et que la raison, de ce fait, vaut encore moins et est une folie, c'est à ce moment, que la raison entreprend de diriger la volonté. On tombe alors dans le parlementarisme, mais un parlementarisme sans valeur.

***

C'est, dans ce cas, comme l'assaut le plus inconscient et le plus formidable entre de mauvaises raisons et de mauvaises volontés.

Il consiste, quand on vous apporte les meilleures raisons, à apporter les plus mauvaises volontés. Ç'a été déjà dit.

— Mais ce qui l'a moins été et démontré, c'est que rien n'est moins cher et plus profitable que la science, l'esprit de suite et le raisonnement en politique, et que rien n'est si coûteux et si dispendieux que les retouches, l'induction ou une politique d'art ou d'*artistes*.

III

— Pourquoi donc, Roussillon, votez-vous pour Tourneface? Ce n'est pas même une nullité, c'est une infirmité.

— Je ne vote pas pour que Tourneface soit nommé, je vote pour que Tournepile ne soit pas nommé.

**

Y a-t-il trois hommes qui ignorent absolument ce qu'est le Droit, la Moralité, la Valeur? Jaspinus, un *artiste* de gouvernement parlementaire, n'hésitera pas à dire au premier : « Tu feras et prépareras la loi. »

Au second : « Prends la tête de l'enseignement. »

Au troisième : « Dirige les finances. »

— Mais très bien, c'est parfait! s'écrie de son banc, Grivoison, un autre *artiste* parlementaire.

— Mais vous ne croyez donc ni au Droit, ni à l'Honnêteté, ni à la Valeur?

— Tout au contraire, Mais le Droit, l'Honnêteté, la Valeur, c'est le triomphe de mon parti, dans l'intérêt supérieur de la République.

Et vive la République!

Auquel cri répond, comme un écho de plus en plus lointain de moins-value et de contradiction plus grande :

Vive la Monarchie!

Vive l'Empire!

2

— Le bien public y est donc toujours, et ne peut être, que le triomphe de son parti, c'est-à-dire, la ruine de l'autre.

**

Mais vous n'irez pas, Égrillard, si *artiste* de gouvernement que vous soyez, soit impérial, monarchiste ou républicain, vous n'irez pas placer un Sénat conservateur à côté d'une Chambre progressiste ?

— Pourquoi donc pas !

— Alors, pour votre charrette, vous voulez donc qu'on la tire en avant et en arrière ?

— Certainement, — parce que quand je crie : En avant! et que mon intention est de ne 'pas avancer, je suis bien aise qu'il y en ait un qui me tire par derrière et me dise : Je ne veux pas que tu avances. De même que quand je crie : En arrière! et que mon intention est d'avancer, je suis bien aise qu'il y en ait un autre qui me pousse en avant et me dise : Je ne veux pas que tu recules.

**

En politique, rien n'est cher comme ce qui prête à rire. Ç'a été encore dit.

Pondération des pouvoirs, répondra Bricole, un de nos plus célèbres *artistes* parlementaires.

**

En somme, c'est toujours le même dessous de jeu avec le même déficit dans l'entendement. Faire croire aux gens — qui d'ailleurs ne s'y trompent plus — que sur deux programmes et deux candidats, l'un est bon et l'autre est mauvais, pendant qu'ils ne valent rien ni l'un ni l'autre,

***

— Vous occupez ce poste, Passe-pique, et vous êtes incapable.

— Je l'occupe pour que Passe-carreau, qui est capable, ne l'occupe pas.

***

— Moi, dit Bornichon, je ne bouge pas, et relativement à Trotte-en-arrière, je suis en avant; relativement à Trotte-en-avant, je suis en arrière : je suis donc progressiste et conservateur.

***

C'est encore Buzotin, qui est pour le système représentatif; il nomme, pour son député, Becquoison qui le représente avantageusement.

Et qui représente encore mieux, par son traitement si maigre soit-il, un des écarts les plus sensibles entre la valeur et le prix.

***

Les discussions ne sont interminables que parce que tout le monde est convaincu, à l'avance, qu'elles sont inutiles.

Attendu qu'il y aura toujours un côté pour trouver mal et démolir — y compris les gens, et les gens surtout — tout ce que l'autre côté aura trouvé bien et construit.

Et ce sont toujours des frais de plus.

CHAPITRE III

I

Mais ce ne sont là que des menus faits et des peccadilles, capables, tout au plus, de rendre fastidieuse une besogne ainsi conçue en conflit et en sens opposé ou contre-sens. Elle renferme un autre défaut autrement capital, et que nous devons signaler, à cause de nos tendances, de plus en plus économiques : c'est qu'il n'existe aucun moyen ou passage juste et pratique pour arriver de la raison à la volonté.

* * *

Voyons, Gasconard, comment vas-tu, par le raisonnement, démontrer à une majorité nationale ou parlementaire qui a le pouvoir et qui s'en sert contre toi, qu'elle doit te céder sa place, afin que tu puisses, à ton tour, lui tailler des croupières ?

— Comment donc, en effet, trouver jamais raisonnable un parti qui vote contre vous ou ce que vous possédez ?

* * *

Si Pintard gagne dix francs par jour, il est bien diffi-cile ou plutôt impossible, par le raisonnement, de lui prouver qu'il ne doit en gagner que cinq ; mais la plus petite raison lui prouvera facilement qu'il doit en gagner quinze.

*_**

C'est parce qu'il n'y a aucun passage de la raison à la volonté qu'on remplit l'intervalle par des promesses :

— Les offrandes aux dieux, les cadeaux aux femmes, les promesses aux hommes, voilà ce qu'il ne faut jamais lâcher tout à la fois.

*_**

Plus le raisonnement est faible, plus les promesses doivent être fortes.

*_**

Le socialiste promet bonne nourriture, bon vêtement, bon logement; un religieux, la vie éternelle; un politique, une bonne sinécure. Voilà des gens qui n'ont pas besoin de si bien raisonner.

— Il en est même qui se contentent de promettre, sans raisonner du tout, parce que c'est inutile.

On leur dit, s'ils se lèvent pour prendre la parole : « Vous n'avez pas besoin de parler, nous savons ce que vous allez nous dire. »

*_**

Un poste vacant est beaucoup plus profitable à un candidat qu'un poste occupé, parce qu'un poste occupé ne donne qu'une voix, tandis qu'un poste vacant peut en donner cent.

*_**

Cocotard, le grand congressiste, qui a fait nommer Tribuche, député, a décroché son poste et est devenu Biganos l'employé. Mais Biganos l'employé, a perdu toute l'influence électorale que possédait Cocotard; de là, uno des causes do l'échec qui attend toujours Tribucho, son député.

II

Élections de moins-value.

Pour Bec-au-sac tout va bien. Pour Bec-hors-du-sac tout va donc mal. Je nomme Bec-hors-du-sac qui lo remplace. Les uns trouvent quo j'ai avancé, les autres quo j'ai reculé. Je trouve que c'est toujours la mémo chose ; toujours lo mémo bec ot toujours lo mémo sac.

**

— Les emplois, dit Bec-hors-du-sac, sont des frais do production gouvernementale pour do plus en plus maigres avantages ou produits. C'est donc la nation qu'on ruine.

— Les emplois, répond Bec-au-sac, sont des frais relatifs de production gouvernementale, toujours croissants, pour des avantages et résultats, de plus en plus, considérables. C'est donc la nation qui prospère.

Mémo bec donc, mémo sac ot mémo raisonnement ; différence seulement de dedans en dehors.

Et c'est ainsi que cela doit toujours être, en gouvernement dualiste ou de moins-value.

**

Demain, les promesses électorales, politiques et sociales de Bec-de-flûte, candidat, vaudront encore moins que ne valent aujourd'hui celles de Béchelard. De même que le vote de Bec-salé, l'électeur, vaudra encore moins que ne vaut aujourd'hui celui de Chopinard.

Et cela, par cette seule et unique raison que c'est la moins-value qui produit, et doit produire toujours, la moins-value.

Mais voilà Briochon, un *artiste* et un de nos hommes d'État ou plutôt sans état, qui accuse de cette dépression soit l'ignorance soit la surabondance et les écarts de cette éclosion et pacotille, de plus en plus basse, d'électeurs et de candidats, politiques et socialistes; et, il ne trouve rien de mieux, comme remède, que de retoucher et remanier, pour la dixième et vingtième fois, tout notre système électoral.

***

Cruche-en-ville, lui, un autre *artiste*, ne serait pas éloigné, de son côté, d'en accuser la liberté et les libertés de la presse, histoire, pour celui-là, de s'en prendre à quelque chose ou à quelqu'un.

***

Faut-il ajouter que, dans toutes ces sortes de cas, promesses se traduisent toujours par déficit dans le budget, quand ce n'est pas dans la poche de nos *artistes* et si chauds postulants? De là, suivant le cas, tous ces remue-ménage, objurgations et boucans réciproques auxquels nous assistons et devons assister nécessairement, — effet donc toujours de moins-value et de dissolution plutôt que de solution.

***

Si les hommes politiques s'usent si vite, dans les démocraties, c'est qu'en général, ils ne valent pas et ne doivent pas valoir grand'chose.

Ce qui reviendrait à dire qu'à Bigouse, Chopinard, Chevillot et Sac-de-son, électeurs et Souverain extraordinaires, il faut, nécessairement, comme suite et cortège, des Hommes et des Raisons, de même que des faits et gestes et des dépenses également extraordinaires.

***

— Mais pourquoi diable allez-vous chercher tant d'histoires ? reprend, pour finir, Branlebas ; je veux être élu sénateur ou député et gouverner mon pays ; un mot me suffit : je dis de mon concurrent : C'est une canaille.

***

Il est bon, qu'en politique, les loups, par exception, se mangent entre eux, parce que sans cela, il nous serait impossible de nous en débarrasser.

***

Il ne doit être permis de se tromper, en politique, qu'à condition de ne rien accepter.

III

Ce n'est pas vrai, comme l'enseigne et le pratique le parlementarisme, que la souveraineté soit dans la raison et encore moins dans la volonté nationale, comme le veulent les démocraties ; la souveraineté est dans le Droit, la Moralité, la Valeur.

Ces trois souverainetés qui se réduisent à une : la Valeur, avec son insigne ou signe : le Prix.

**

Toute la valeur politique est dans la Volonté. C'est par la volonté que l'édifice politique et social se construit, c'est par la volonté qu'il se détruit.

**

Le pouvoir de la loi ne s'étend que jusqu'où va la force ou la valeur du Raisonnement ou Gouvernement.

**

Les lois sont les aliments de la politique.
— Un estomac qui ne transforme pas les produits alimentaires en éléments utiles au corps est un mauvais estomac; il en est de même d'une organisation politique relativement aux lois.

**

C'est l'Exécutif qui est la mesure des gouvernements de moins-value. Et c'est par l'Exécutif qu'ils se classent et s'échelonnent entre eux. Un signe de contradiction ou de non-valeur plutôt que de valeur politique.

**

C'est bien moins difficile de rattacher une loi à la liberté et à l'égalité qu'au progrès et à la conservation, et l'Exécutif ainsi que l'Administratif ont bien moins à faire, et, par conséquent, bien moins de personnel à nourrir et entretenir.
D'où découle ici la solution de ce problème, si impossible pour nos *artistes* de gouvernement, de la décentralisation et d'une diminution, dans nos dépenses publiques.

— C'est d'ailleurs un vieil axiome trop connu, que pour faire de bonnes économies, il faut faire de bonne politique. La banqueroute, dans les finances, commence toujours par la banqueroute et le manque d'équilibre dans l'esprit et l'entendement politiques.

**

Quand l'organisation politique est sans valeur, ce sont les mauvaises lois qui durent le plus longtemps et qui la font vivre.

C'est donc une erreur de croire qu'en nommant des *artistes* ou des non-valeurs on fera tomber un régime. Un mauvais régime se maintient beaucoup mieux avec des *artistes* ou des non-valeurs, — seulement ils coûtent infiniment plus et sont des causes de ruine, de misère et de guerre.

**

Ce qui fait la force et la valeur des institutions, c'est leur complexité, quand toutes les parties se lient et s'enchaînent.

— Rien n'est simple comme la tyrannie, mais rien qui soit si coûteux et qui ait moins de valeur.

**

Une de nos anciennes non-valeurs ou maisons politiques en déconfiture, c'est la maison libérale Bagoulard.

Tant que l'assaut aux anciennes institutions monarchiques — que liait entre elles le même ciment, — la Famille, la Religion, la Propriété, n'a porté que sur les deux premières, Bagoulard s'est toujours distingué aux premiers rangs, parmi les démolisseurs; mais quand est venu le tour de la Propriété et qu'il a vu sa maison lézardée :

— Ah! saperlotte! s'est-il écrié, tout à coup, mais je démolissais donc ma maison !

— La repousse *artistique*-gouvernementale de Bagoulard, ce sont nos républicains de gouvernement. Ils sont nés aveugles et sourds.

La question sociale, pour eux, est comme un monde nouveau qui veut naître et se faire jour. Or, ce n'est pas un commencement, c'est une fin; c'est le dernier coup de pioche à donner, à leur exemple, à un édifice qu'ils ont détruit; c'est un reste de démolition. Et, c'est ce reste qui est, aujourd'hui, le Socialisme.

Bagoulard fils, qui, aujourd'hui, gouverne, mais qui est né aveugle, frappe sur cette question comme un sourd.

LIVRE DEUXIÈME

ÉCONOMIE POLITIQUE

CHAPITRE PREMIER

I

L'organisation politique et sociale doit être telle, que personne ne puisse s'en prendre qu'à soi-même de son malheureux sort.

**

Trois choses sur lesquelles il ne doit être permis à personne d'hésiter : 1o Droit, la Moralité, la Valeur.

Ces trois termes, qui peuvent être ramenés, ainsi que nous l'avons dit, à un seul : la Valeur.

**

On peut donc remplacer la formule de la Révolution française, les Droits de l'Homme, par la Valeur de l'Homme, et arriver à la même solution.

***

Parlez à Gras-double, le gros industriel, de l'égalité et de la liberté, vous l'endormirez, et vous l'entendrez ronfler, comme un porc; mais dites-lui : Tu viens de payer deux sous de trop, vous le réveillerez en sursaut.

***

La Valeur, l'Honnêteté, le Droit, sont inséparables, et les objets travaillés n'auront pas de valeur, si ceux qui les travaillent n'en ont pas.

— C'est donc notre même Homme-Droit ou de valeur qui ne veut pas seulement penser, mais produire — justement, librement, — dans un but d'utilité et de satisfaction, *satisfacere*, point de départ et d'arrivée ou solution.

***

La formule devient :
Si je travaille soit seul, soit dans un atelier quelconque, j'ai ainsi, dans cette accumulation de forces ou de bras : un rapport dynamique de progression ou production ;
Dans leur total, arrêt : un rapport statique d'entretien ou de conservation ;
Dans l'un quelconque de ces objets ou forces, pris pour unité ou mesure : un rapport égal ;
Dans ma volonté (1) ou liberté de prendre pour point de départ de mon opération ou profession, l'un ou l'autre de ces termes : un rapport libre (2).

_____

(1) Volonté est activité rationnelle. KANT.

(2) Loi sociale... parallélogramme de forces.
BUCKLE. (*Civilisation en Angleterre.*)

Autrement dit professionnellement :

Production, commerce ou mesure, liberté ou spéculation et consommation.

Et matériellement :

Produits, marchandises, objets de choix ou de spéculation et consommation.

Tel est notre cercle économique, et c'est sa bonne tenue et ordination qui en fait la valeur ou plutôt qui est la Valeur.

***

Qu'on divise maintenant le travail, à l'infini, pour la nourriture, le vêtement et le logement, et qu'on emploie tous les instruments et arrangements, combinaisons et associations possibles, il faut toujours que ce soit le même cercle ouvert pour tous, de façon que chacun y trouve, suivant sa valeur, son point de départ et d'arrivée ou satisfaction, et une satisfaction ou plus-value de plus en plus grande.

***

C'est donc dans la Valeur et sa plus-value qu'est la solution du problème de la misère, comme celui de la guerre est dans le Droit et la Moralité, ou plus-value de la Politique.

II

Moins-value.

Quand l'Homme social place sa satisfaction, *satisfacere*, dans la production et la consommation, il n'a évidemment pas assez fait, car il faut encore ou de plus, qu'il soit juste et libre. C'est donc là une moins-value.

— Et c'est parce qu'il n'a pas *fait assez*, que sa volonté imparfaite et de moins de valeur, se divise et devient dualiste :

Mouvement et repos ;
Production et consommation.

***

Tout ce qui est, dans le monde économique, se divise alors également et se disjoint, par le fait de cette même volonté :

Capital et travail ;
Intérêt et capital ;
Profits et salaires ;
Offre et demande ;
Économie et dépense ;
Etc., etc...

Et comme il n'y a que deux termes, c'est nécessairement un manque de niveau ou défaut d'équilibre, un plus ou un moins d'un côté ou de l'autre, une inégalité qui produit le mouvement, cours ou oscillation de l'un à l'autre terme.

— C'est donc, en fait de rapports, une poche ou portefeuille qui se remplit pendant que l'autre se vide, et, c'est naturellement, la poche qui se remplit qui fait l'opulence, et la poche qui se vide, la misère.

— Cet organisme social ressemble à un corps qui gagne plus qu'il ne perd, et qui s'arrondit, ou qui perd plus qu'il ne gagne, et qui s'appauvrit.

— Autrement dit encore, dans ce cas, si, socialement ou dans le corps social, la pauvreté n'existe que relativement à la richesse, il faut que l'une soit la conséquence de l'autre. Et un terme moyen, mesure ou accommodement quelconque, modère ou atténue, mais n'arrête jamais une conséquence.

***

Et comme il y a nécessairement la même contradiction ou conflit dans l'entendement politique et la moralité, la misère augmente par les lois défectueuses.

Et c'est encore parce qu'il y a la même contradiction dans la volonté politique ou le Droit, qu'à la misère s'ajoute la guerre qui est la misère ou moins-value de la Politique.

Voilà donc notre lot et partage.

III

Poursuivons et voyons maintenant le résultat, en monnaie courante, de ce dualisme social, de ce synallagmatisme de production et de consommation.

Rapax est producteur-consommateur.

Vorax est consommateur-producteur.

On a dû imaginer, comme société ou association dualiste, une sorte de Magot économique, à deux poches, portemonnaies ou portefeuilles, dont l'un rattrape, comme vendeur-producteur, — ce qu'il a pu donner, en plus, comme acheteur-consommateur, — ce qui rétablit l'équilibre.

Mais un équilibre, une balance ou niveau, c'est l'absence de tout mouvement qui, comme nous l'avons dit, n'est ici, comme pour l'eau, que le résultat d'une inégalité (1).

---

(1) Différence des forces est cause du mouvement.

DÜHRING. (*Logik.*)

Et de plus, c'est un ajustement des deux bouts qui no donne, dans aucun cas, et ne contient aucune plus-value, et qui ne donne non plus, ne justifie et n'explique aucune augmentation, amélioration ou progression.

Alors que c'est, uniquement, l'augmentation, le mieux et le mieux relatif, — seul appréciable, — la plus-value, le gain espéré ou encaissé, qui est le ressort, le mobile de toute société, comme de tout individu.

**

Rapax voudra donc et devra vendre relativement cher son produit, et acheter bon marché sa consommation.

Vorax voudra et devra lui vendre relativement cher cette consommation, et lui acheter bon marché son produit.

Où devront-ils donc prendre, dans ce cas, leur bénéfice ou avantage réciproque, si la plus-value manque au Raisonnement?

— On la prendra, nous dit-on, à ce Dieu de toute la machine économique, à cette théorie ou Providence des agents naturels; sorte d'établissement non plus d'en haut, mais d'en bas ou d'à côté, où chacun, il semble, peut se faire servir à souhait, et — par une façon sociale d'amortissement et d'entrée des objets dans le domaine public — en arriver à ne plus, ou presque plus, payer ses consommations. Ce qui d'ailleurs, comme toute avance gratuite, n'est pas même une explication et encore moins un raisonnement ou un mouvement d'affaires *raisonné*.

— Mais certainement, intervient ici et réplique Flanelle, d'accord avec nos économistes et moralistes; c'est là, en effet, qu'est la véritable explication et la vraie formule d'affranchissement de l'humanité qui ne travaille que pour se reposer, *infra* ou *supra*, et n'avoir plus rien à faire, c'est-à-dire, tendre à avoir tout pour, ou presque pour rien.

— Vous n'osez pas dire pour rien.

Mais, en admettant cette bonne aubaine, — à laquelle manque le point de départ, l'origine et la provenance du premier fonds d'achat, le premier sou, comme on dit, — comment Rapax, ce vendeur des agents naturels, inventeur lui-même, — et à en périr ou dépérir, — voudra-t-il ou pourra-t-il vendre ou tendre à donner tout pour, ou presque pour rien, ou même prix pour prix, sauf son bénéfice?

— Par la concurrence de l'offre.

— Mais la concurrence de la demande, qui est celle du désir insatiable et de la faim, dépassera toujours celle de l'offre, et Rapax dont la famille qui, comme le flot de la population, augmente toujours, voudra et devra toujours tendre à recevoir — quel que soit le moyen — la plus grande valeur d'échange ou de production pour la plus petite valeur de frais ou de consommation, et faire que cette formule de Vorax : « Tout pour rien », devienne, pour son bénéfice : « Rien pour tout. »

Tandis que la véritable formule d'accord entre le prix et la valeur, doit être : « Rien pour rien », ou « Prix pour prix », y compris le bénéfice.

— Mais, c'est l'effet de l'économie, et, par les progrès de la science, d'une diminution toujours croissante, dans les frais de production.

— C'est donc le *moins* qui produirait le *plus*, ce qui est impossible et qui ne saurait exister que relativement et dans un sens contradictoire et opposé.

Si tu économises 2, sur tes frais de production qui sont tes consommations, c'est 2 de moins, pour le moment, d'autre part, à produire ou à te vendre, et 2 de moins à produire ou à vendre c'est 2 de moins, de ce fait, à consommer ou à t'acheter, directement ou indirectement. Ce qui serait, dans ce cas, un appauvrissement et non un enrichissement.

***

Il faut donc trouver, pour aboutir, une autre issue, un autre débouché et écoulement, et cette issue c'est la contre-partie de l'économie, la dépense, avec son même ressort ou rapport social, indispensable, d'inégalité.

— Il faut, en effet, que si ta consommation ou dépense a été reproductive, la dépense ou consommation de ton voisin, ou une dépense corrélative, ait été improductive. Et cela, dans la même mesure de plus et de moins.

Ce qui veut dire que tu auras dû en le prenant, sur un fonds national-international d'inégalités accumulées, et, au moyen d'objets d'échange, faussement réputés, ici, équivalents, lui vendre 4 ou pour 4 (ª), un équivalent d'échange que tu lui auras acheté ou que tu auras obtenu pour 3 (ᵇ) de frais ou de consommation ; à condition qu'il t'aura acheté pour 4 (ᶜ) de frais, pour lui, ou de consommation, ce qui lui aura produit ou ce qu'il t'aura vendu 3 (ᵈ).

Et, en suivant, pour ce qui lui reste, 3 pour 2 et 2 pour 3 ; faisant, encore ici, sa contre-partie.

De façon que 2 de perte d'un côté, aient fait 2 de bénéfice de l'autre.

Et voilà l'issue, la seule, et le débouché trouvés.

***

Et c'est là, dans notre cas, pour que notre société et notre économie marchent, une différence, un résultat d'ensemble et d'écart qui doit toujours se trouver et se prendre quelque part, quel que soit le nombre, — et dans

---

(a) Vin *produit*, par exemple.
(b) Blé *consommé*, par exemple.
(c) Vin *consommé*.
(d) Blé *produit*.

ce nombre même d'objets réputés équivalents et de contre-
parties engagées, — lesquelles doivent toujours se corres-
pondre, et sans laisser de vide, se faire coup, — une périt,
une autre ou plusieurs autres prennent sa place.

Car, c'est la conséquence inévitable d'un mouvement
d'affaires raisonné et débattu contradictoirement de
production et de consommation, ou entre producteurs et
consommateurs, et, par cela seul qu'il est dualiste, contradictoire, c'est-à-dire, qu'il ne renferme que deux termes
ou deux contractants.

IV

Tel est donc le jeu, — et voilà comment, dès le début,
s'annonce notre problème ainsi que notre monde économique.

Un de ses côtés et défauts le plus saillant et le plus
menaçant est donc dans son vice de construction, dans
le manque d'aplomb et d'équilibre de ses deux pans de
formation, dans l'écart de ses deux termes de production
et de consommation :

Hausse et baisse;

Perte et gain;

C'est là, en effet, tout le ressort social, tout le rapport
d'ensemble, en même temps que le seul lien et la seule
explication possible, de tout un monde et courant d'affaires
qui, sans cela, devient inexplicable.

Je veux dire la seule raison d'être et d'agir d'une
société économique ou coopération imparfaite et de moins-
value, — ne donnant le tout, bien entendu, que comme
une conséquence (1).

---

(1) Et non dans un sens comme celui-ci :
Il est clair qu'un pays ne peut gagner sans qu'un autre perde.

VOLTAIRE. (*Dict. philos.*)

***

Et maintenant, que cet écart nécessaire se continue et tende à s'accroître de plus en plus — et il le faut — et qu'il se partage, de part et d'autre, en intérêts, profits et salaires, qui ne sont que des points de départ contradictoires de capitalisation;

Il y aura nécessairement un prix, point de départ ou taux *maximum*, de gain ou de fortune d'un côté, parce qu'il y aura un prix *minimum*, de perte, ou point de départ d'infortune de l'autre.

***

Et pour ne parler ici que du fonds des salaires; si du côté du prix ou salaires d'abondance, l'ouvrier de surplus a pu avoir 1, 2 et 3 enfants, et les conserver, et les voir grandir, et, sur une moyenne de 3 jours de vie, en avoir 4, 5 et 6;

C'est que du côté du point de départ de perte ou d'infortune, l'ouvrier de misère et de corps défendant a dû, sur 3 enfants, n'en conserver que 2, 1 et pas du tout, et de 3 jours, n'en avoir que 2 ou 1 à vivre.

— Il faut même, ici, pour ne pas rencontrer le néant, que par un reste d'énergie vitale au profit de la vie, cet ouvrier de misère ait dû économiser encore, sur cette dernière minute ou molécule d'existence. Ce qui veut dire qu'il lui aura fallu, pour qu'il lui reste un enfant, comme prolongement de vie et pour ne pas disparaître et mourir tout à fait, le prendre sur cet avant-dernier souffle, qui, pour ne pas s'éteindre aura dû donner deux pour un. — Origine, point de départ et création de tout notre monde économique :

— Mort donc d'un côté;

Vie de l'autre.

Et c'est la mort ou privation de vie qui aura fait ici tout le bénéfice social, en faisant le surplus de la population.

**

En résumé et relativement à l'avoir social engagé et aux existences en jeu, de part et d'autre :

L'un, aura donné tout pour n'avoir rien ;

L'autre, n'aura donné rien pour avoir tout.

**

Et quand Plutus, du côté de ce *tout*, dit : Je m'enrichis, il devrait dire : Je m'*en* enrichis.

Et quand Claquedent, du côté de ce *rien*, dit : Je crève de faim, il devrait dire : J'*en* crève de faim.

**

C'est donc là, pour nous, au point de vue où nous nous plaçons, c'est-à-dire, de la Valeur sociale, une volonté économique fausse, malhonnête, qui a dévié, foulé aux pieds les grands principes de nos pères et s'est mise en dehors du Droit, de la Moralité et de la Valeur.

Et quant à la coopération qu'elle a pu et dû former, en raison de son coût social, c'est l'écart le plus considérable entre sa valeur économique et son prix.

CHAPITRE II

I

Nous verrons, dans cette société de dépression et de moins-value, un troisième élément, le Commerce, essayer de diminuer cet écart, de régler, s'il se peut, la vente et l'achat, et de faire, ainsi, et lui aussi, son bénéfic

— Mais en attendant, voyons, dès le début, quelques-uns de nos réformateurs du jour, qui se trouvent pris, comme autant de rats, dans cet engrenage.

Leur erreur principale et commune est de confondre capitalisme et dualisme et d'attribuer au premier ce qui n'est que le fait du second.

***

C'est d'abord, Cormoran, le socialiste d'État ou collectiviste; il dit sérieusement :

« Qu'on me donne tout et je me charge du reste. »

***

Et puis, Baldaquin, le socialiste de salon, qui n'a aucune espèce de doute sur son socialisme et qui dit à ses électeurs et co-aspirants, Colle-forte, Pipe-maigre et Baluchon, à qui il touche de main :

« Commençons d'abord, par nous emparer du pouvoir politique. »

***

Et puis, Célestin, le socialiste de sacristie. Il est à la fois prêtre, théologien, politique et économiste, — quatre choses, à la fois, quand ce serait quatre fois trop, pour lui, d'en être une.

A ses yeux, la misère est l'effet d'un écart, d'une chute qu'a fait l'homme, en s'échappant, par la tangente et par mauvaise liberté ou volonté, de ce cercle de vie et de bien-être universel qu'on appelle Dieu, et qu'il ne peut guérir que par son retour à ce même bien-être et Paradis.

Célestin, se tourne donc du côté pile ou souffreteux de l'humanité et il dit au maître, au patron et à l'ouvrier : « Partagez-vous cette misère; moi, je vous la ferai pardonner et elle disparaîtra, quand vous, ni moi, ni elle nous n'y serons plus. »

— Que dis-tu, Ventre-plat, de cette opération à terme?

— Elle me paraît juste et ne manque pas de sel, pour l'avenir; mais je l'aimerais mieux au comptant.

— Mais, ne détruirais-tu pas la raison d'être de la religion?

— Je ne voudrais pas crever de faim.

**

Et puis, Célestin, jetant de côté sa casaque d'économiste et reprenant sa robe de prêtre, dit au côté face ou bienheureux de la société :

« Donne un peu de ce que tu as de trop à celui qui meurt. Épargne-le afin qu'on t'épargne, quand viendra ton tour (1). »

**

Et c'est à son exemple et imitation, que l'État prend ou essaie de prendre au côté face et donne au côté pile, sous forme de secours, de primes et de subventions.

---

(1) Les congrégations religieuses seules répandent en aumônes et œuvres de charité douze cents millions par an.

— Mais la bonté de l'intention ne saurait racheter ici la faiblesse du raisonnement. Car ce n'est pas guérir l'écart social, c'est l'entretenir. C'est alimenter la misère et, dans ce dernier cas, faire un placement à usure, car la misère alimentée, au lieu d'un enfant en produira deux, et ce 2 pour 1 est plus que l'entretien, c'est le surplus ou bénéfice de population et de toute une société de moins-value.

II

Plus-value.

Si l'un veut vendre relativement cher son produit et l'autre acheter bon marché sa consommation, il faut qu'il y ait un troisième terme social ou coopérateur (1) pour les mettre d'accord, en disant au producteur et au consommateur : Je ferai de votre produit et de votre consommation une marchandise et je l'exposerai devant le public qui l'estimera lui-même et fixera le prix, suivant sa valeur.

**

Mais cela ne suffit pas ; il faut, pour établir et conserver cette concordance ou coexistence de rapports, qu'il y ait un quatrième terme social ou quatrième coopérateur qui est la Spéculation.

**

Picotin, le cultivateur, qui seul ou en association cultive son champ de blé, mourra-t-il de faim ?

Non, pourvu que son blé consommé lui revienne, c'est-

---

(1) Comment les choses dans lesquelles existent les contraires proviendraient-elles de contraires ? Pour nous, nous levons la difficulté, en établissant l'existence d'un troisième terme.   ARISTOTE.

à-dire, que sa consommation ait été son point de départ et d'arrivée. Mais pour cela, il faut qu'il ait semé dans une certaine mesure et, de plus, que sa volonté ou liberté ait fait un bon choix du terrain.

* * *

Artifex, le professionnel, seul ou en association, mourra-t-il de faim?

Non, si sa profession a de la valeur.

C'est-à-dire, si elle a été apprise ou *produite, appréciée*, choisie ou *demandée* et *utilisée*. Car ce sont là, les termes mêmes qui, socialement organisés, constituent la valeur et la plus-value professionnelle.

— Mais, s'il a mal choisi sa profession?

— Qu'il ne manque rien au cercle social, c'est-à-dire, qu'il ait sa valeur, droiture et plus-value, le professionnel pourra mourir de faim, mais par sa faute;

Mais qu'il manque au cercle de vie professionnel et social un ou plusieurs termes, ou qu'ils soient mal coordonnés ou raisonnés, c'est-à-dire, que ce cercle manque de valeur, de droiture et de plus-value, le professionnel pourra mourir de faim, mais par la faute de la société.

* * *

Le choix d'une profession est une opération d'avenir ou une spéculation.

* * *

La spéculation, en raison de ses termes et de son point de départ, est ce qui empêche socialement qu'il y ait un fort et un faible et que le faible soit détruit et dévoré par le fort.

C'est le règlement de compte, de dépenses courantes, d'avances et de besoins *prévus* de la société.

***

Quand ces dépenses courantes et ces demandes payantes servent de points de départ et d'arrivée, c'est nécessairement qu'elles se renouvellent, qu'elles forment comme autant de recettes sociales, semblables à un budget d'État, comme autant de rentrées et de reproductions constantes, de plus en plus sûres et se reproduisant toujours en plus-value.

Ce qu'elles ne peuvent faire que si elles sont évaluées par le Commerce et calculées, *prévues*, *prédisposées* et distribuées par la Spéculation, — d'où résulte leur plus-value. Et le tout, réglé et ordonné par la liberté ou par cette même Spéculation (1).

***

Mais il ne suffit pas, pour le redire, que ces termes de règlement ou de coordination existent, il faut qu'ils se tiennent et se lient entre eux et soient *raisonnés* et organisés de façon qu'ils puissent réellement servir à tous et à chacun de point de départ et d'arrivée et leur laisser un surplus, en fait de satisfaction.

***

Les termes ou organes de la valeur sociale et de sa plus-value sont :

La production ;
La consommation ;
Le commerce ;
La spéculation.

---

(1) Libre est ce qui n'est déterminé que par soi-même.

SPINOZA.

Organisés ou raisonnés professionnellement, en :
Producteurs ;
Consommateurs ;
Commerçants ;
Spéculateurs.

CHAPITRE III

PRODUCTION

La production c'est le monde créé ; c'est la matière ou l'objet qui commence à se produire à la vie économique ; c'est, en fait d'inventions et de découvertes, le nouveau-né ou le nouveau qui est né et qui naît perpétuellement.

C'est la première étape du produit.

***

L'ouvrage le mieux fait est celui qui remplit le mieux son but ou sa carrière de plus-value et qu'on devra, pour cela même, reproduire.

Le but de la production n'est donc pas la consommation, comme le veulent nos économistes, — la consommation qui est la mort, — mais le mieux, la reproduction qui est la vie ou valeur réelle, point de départ et d'arrivée ou solution, et continuation économique, c'est-à-dire, sa plus-value ; car c'est le mieux et non le moins bien qui doit se reproduire, et la reproduction n'existe pas pour autre chose.

— Le mal fait ou le mal est ce qui doit être détruit, *consommé*, et ne jamais plus reparaître, ni se reproduire.

*_**

Il serait plus juste, en parlant du cours ou carrière de vie des objets, de dire reproduction que production, et qu'on gagne son pain, moins quand on le produit, que quand on le reproduit.

*_**

On ne devrait pas demander, non plus, ce qu'un produit a coûté à son producteur, mais ce qu'il a coûté, en fait d'objets employés, au monde entier des producteurs, qui doivent lui demander, en retour, que son produit soit bon et ait de la valeur. Car c'est cette valeur, cette bonté sociale qui leur assure, leur garantit la même reproduction pour les leurs.

— C'est donc, dans un cercle ou cours de valeur et de plus-value ainsi constitué et organisé, cette reproduction qu'on doit surtout voir, *prévoir* et *prédisposer*, afin que le travail, sans discontinuité ni chômage, soit assuré, garanti à tous et à chacun, et que, par là, la moins-value ou misère sociale soit écartée.

CHAPITRE IV

COMMERCE

———

I

La deuxième étape du produit est sa transformation en marchandise.

Et l'agent de cette transformation, c'est le commerce.

***

Il pèse et mesure les produits, comme l'entendement pèse et mesure les idées, en les rapportant à une mesure d'unité ou d'égalité.

***

Une unité, or ou argent, n'est rien par elle-même et n'a de sens social que par son rapport, — un de plus, un de moins, un de perte, un de bénéfice, — c'est le moyen de les évaluer.

***

Le marché est la réunion des choses marchandées, c'est-à-dire, jugées, estimées et appréciées publiquement.

Et c'est ce jugement, cette appréciation et comparaison, prisée ou posée publique, qui est le prix, dit alors, à cause de ce jugement public, prix général ou courant. Sa mesure est actuellement le poids de l'or.

***

La loi des objets est leur prix.

***

Le public ou la clientèle du commerce se compose de producteurs, de commerçants, de spéculateurs et de consommateurs; et le but du commerce est de la satisfaire en lui procurant, par sa provision, l'équivalent de ce qu'elle lui apporte en plus-value.

***

C'est sur cette valeur d'équivalent et de plus-value, que la clientèle juge et prise la marchandise, et ce prix ou jugement doit toujours se rapprocher, de plus en plus, de sa valeur.

***

Ce n'est pas parce qu'elle est demandée qu'une marchandise ou équivalent a du prix, mais c'est parce qu'elle a du prix ou est réellement équivalent, qu'elle est demandée.

***

Plus le gouvernement ou Raisonnement d'un peuple est droit, honnête et juste, plus le jugement public, la prisée ou estimation du marché, est juste, droite et honnête, et tend, par conséquent, à se rapprocher et à se confondre avec la Valeur.

II

Moins-value.

Il y a deux valeurs, dit Cornélius, le grand économiste :

— Des choses qui ont une très grande valeur d'usage et

pas de valeur d'échange ou de prix, — d'où pas de commerce;

— Des choses qui n'ont aucune valeur d'utilité et une très grande valeur d'échange, —d'où très grand prix et grand commerce (1).

* *

Inutile de dire que, pour nous, il n'y a pas plus deux Valeurs que deux Morales et que les choses qu'on croit n'avoir rien coûté, telles que l'air qu'on respire, l'eau qu'on boit et les agents naturels du climat et du sol national, ont coûté tout le sang et tous les milliards de la guerre.

— Le diamant qui sert à parer la foi conjugale, à faire briller les fêtes du patriotisme, à faire aimer le Droit, l'Honnêteté, la Valeur, a un prix qui égale sa valeur.

* *
*

Mais Saloiseau, en conséquence de ces deux valeurs ou deux morales économiques, a pu faire un ouvrage de dépression sociale et même quelque peu dégoûtant et le vendre un grand prix.

« Pas de valeur d'utilité, mais grande valeur d'échange », enseigne donc Cornélius.

Saloiseau devient millionnaire.

---

(1) Des choses qui ont la plus grande *valeur en usage* n'ont souvent que peu ou point de *valeur en échange*, et, au contraire, celles qui ont la plus grande *valeur en échange* n'ont souvent que peu ou point de *valeur en usage*. Il n'y a rien de plus utile que l'eau, mais elle ne peut presque rien acheter; à peine y a-t-il moyen de rien avoir en échange. Un diamant, au contraire, n'a presque aucune valeur à l'usage, mais on trouvera fréquemment à l'échanger contre une très grande quantité d'autres marchandises.

Adam SMITH. (Liv. I, ch. IV, *Richesse des nations*.)

**

Aristide a fait un travail d'élévation sociale et rempli de moralité.

« Grande valeur d'utilité, mais pas de valeur d'échange », reprend le même Cornélius.

Aristide meurt à l'hôpital.

**

C'est donc l'ouvrage bien fait, le fini, — couteau ou chemin de fer, — qui ne peut et ne doit pas pouvoir couvrir ses frais, abaisser ses prix et tarifs, et qui doit disparaître.

C'est donc l'ouvrage mal fait, la pacotille ou le mal fini, — aiguille ou canal, — qui couvre plus que ses frais, abaisse ses prix et tarifs et grandit et prospère.

— Car pas plus de vide dans l'économie sociale que dans la nature, et encore moins saurait-il y avoir de restes et de lacunes dans la Valeur et dans l'Honnêteté.

**

Mais comme moyen ou application :

Il faut qu'en vertu et par le fait de notre même ressort ou rapport d'inégalité, les revenus et profits, de part et d'autre, suivent notre même cours et défaut de tenue.

Il faut, par exemple, que sur une moyenne de 4, ceux de Saloiseau ou du manque de Valeur deviennent de 5, 6, 7 et ainsi de suite en progressant, pour que ceux d'Aristide ou de la Valeur deviennent de 3, 2, 1 et ainsi de cette même suite en diminuant; et cela, dans et par la

même mesure, de faux équivalents, et le même rapport
de contre-parties.

Et, comme le capital n'est pas autre chose que la continuation de ces revenus, s'ils sont continués, c'est-à-dire,
capitalisés et dépensés, de part et d'autre,

Il faut que ces dépenses reproductives du côté du
manque d'Honnêteté ou de la moins-value industrielle
aient fait ou aient eu, comme corrélation, ces mêmes
dépenses improductives du côté du bien fait, de l'Honnêteté ou Valeur industrielle;

Et, proportionnellement, et comme exemple toujours,
il faut que Saloiseau ou la Malhonnêteté industrielle ait
dépensé 75 pour avoir 100, et 50 pour 75, en s'enrichissant,
pendant qu'Aristide ou l'Honnêteté industrielle aura dû
dépenser 100, pour ne recevoir que 75, et 75 pour 50, et
ainsi de suite, en s'appauvrissant, — avec le même rapport
toujours, et nombre voulu d'équivalents et de contre-
parties.

Fortune donc d'un côté;

Infortune de l'autre;

Mais ici : misère et ruine de l'Honnêteté ou de la
Valeur;

Et prospérité et enrichissement de la Malhonnêteté ou
du manque de Valeur.

Voilà le résultat.

***

Et comme un malheur n'arrive jamais seul, c'est à ces
derniers efforts et derniers râles d'Aristide, au moment
où lui et son ouvrier Patte-maigre tirent la langue, à qui
mieux mieux, que Philistin, le législateur intelligent, est
venu donner à Patte-maigre le droit de se mettre en
grève contre Aristide, afin qu'ils arrivent tous deux plus
vite à l'hôpital, et Saloiseau et son ouvrier Pâte-à-gond,
plus rapidement à la fortune et au bien-être.

Et comment l'atténuer ou l'empêcher ce résultat? Il est fatal et comme prédestiné. — Attendu que c'est le châtiment social mérité, non seulement d'une prostitution de la Valeur, mais de tout un arsenal économique de prévarication et de moins-value; je veux dire, de contradiction.

Et, comment, en outre, faire appel ici à ces avantages réciproques, à ces prétendus équivalents et compensations d'échange, — ce grand et seul argument, si complètement erroné, d'ailleurs, de nos économistes?

Compose-t-on et s'arrange-t-on avec la Morale et l'Honnêteté?

Le bien fait et le mal fait, ces deux extrêmes en économie sociale, sont comme le bien et le mal en morale, c'est-à-dire, de nature absolument inconciliable et diamétralement opposés.

— Ils sont comme le oui et le non, et il n'y a pas plus de demi-oui et de demi-non qu'il n'y a de demi-droit et de demi-moralité.

***

C'est donc, nécessairement, un monde d'Honnêteté qui meurt pour qu'un monde de Malhonnêteté vive;

Toute une famille ou nichée de Saloiseaux qui prospère, grandit et forme une société;

Toute une société d'Aristides et d'honnêtes gens qui meurent et disparaissent et doivent faire place et disparaître.

***

Canaille qui vit, c'est honnête homme qui meurt.

Et Beau-cristal lui-même, dans son atelier, exprime

parfaitement cette vérité, quand il dit que le mauvais ouvrier fait tort au bon; il devrait dire tue le bon, et qu'il faut qu'il crève pour que l'autre vive.

—Et qu'il s'agisse ici, intérieurement et extérieurement, d'ouvriers, d'individualités, de groupes ou de nationalités, le rapport est, et doit rester le même, et invariablement le même, — effet d'une intelligence et d'une volonté sociale déprimées et d'une dépression ou plutôt d'un avilissement dans la Valeur.

— On peut donc voir, à mesure que nous avançons, ce que devient notre problème social. La misère est un fait général, synonyme de dépression et de moins-value sociale. Elle est donc loin, conséquemment, de provenir de causes individuelles, — ce qui laisse déjà pressentir le remède et notre solution.

III

Voyons, maintenant, comme nouvelle preuve ou épreuve sociale, sur ce marché de moins-value, nos trois maîtres-échangistes Vorax, Rapax et le commerçant Harpinus.

La formule qui les réunit, et parfaitement exacte, est la même :

Pas de bénéfice, pas de commerce;

Pas de profit, pas de production;

Pas d'amélioration de service ou de confortable, pas de consommation.

**

Mais ici, encore, où prendront-ils ce surplus, ce service mieux servi, cette amélioration et avantage réciproque, à compter et à encaisser?

— Sera-ce dans leur société de commerce qui n'est qu'un échange de prétendus équivalents ?

— Impossible.

— La formule est produits contre produits, services contre services. C'est une égalité, un troc pour troc individuel qui, socialement et tel qu'il est formulé, ne contient aucun surplus, aucune majoration pour de nouveaux et meilleurs produits et procédés;

Attendu qu'on ne voit véritablement pas comment un échange ou une égalité — qui n'existe pas d'ailleurs — pourrait produire autre chose qu'une égalité, et que si je produis et échange 2, comment, en vertu de cette même égalité, je pourrai arriver à produire et échanger 3 et 4, ce qui veut dire en sortir, et faire ainsi mon augmentation, ma plus-value et mon bénéfice.

Prendront-ils donc ce bénéfice aux dépens l'un de l'autre?

— Impossible encore; si les bénéfices et profits moyens sont de 4 des deux côtés; pour que ceux de la production soient de 5, 6, 7, etc., il faut que ceux du commerce deviennent de 3, 2, 1, et se réduisent à une simple commission, ce qui veut dire, pas de commerce. Mais pas de commerce, pas d'équivalent, pas d'échange; et, pas d'échange, non seulement pas de commerce, mais pas de production.

On peut en dire autant du commerce et de ses profits relativement à la production.

***

Il faut donc revenir, encore ici, *intra* et *extra*, à notre vieux fonds d'inégalité, de contradiction et de moins-value.

L'épargne, l'économie, avec sa compagne nécessaire et sa contre-partie, la dépense.

— Si sur 100 maisons de commerce, dira Harpinus, j'en

économise ou supprime 50, en en faisant 50 magasins, les
frais qui seront de moitié feront mon bénéfice double.

Que toi, Rapax, de ton côté, tu économises ou réunisses
200 métiers en 50 ateliers, même résultat.

Le surplus des deux côtés sera additionné ou capitalisé,
c'est-à-dire, transformé par toi en machines et nouveaux
procédés; par moi, en surcroît de magasinage, de provision, d'outillage, de matériel général et de moyens
d'approvisionnement.

— Vorax le consommateur aura pour 1 ce qui lui coû-
tait 2 — un meilleur marché que 50 maisons et 150 métiers
auront payé de leur destruction.

***

Voilà le fait brut et brutal, que Balthazar le grand économiste, suivi de ses nombreux adhérents, ne craint pas
d'appeler la liberté économique en prostituant la Liberté,
comme Cornélius a prostitué la Valeur (1).

---

(1) Laissez faire, laissez passer. (*Physiocrates.*)

Sous leur plume comme dans leur bouche *laissez faire* voulait dire
simplement *laissez travailler*; et *laissez passer* signifiait *laissez échanger*.
En d'autres termes les physiocrates en parlant ainsi réclamaient la liberté
du travail et la liberté du commerce.

Joseph Garnier. *Du principe de concurrence, stimulant de l'industrie*, ch. ix. (*Éléments de l'Écon. pol.*)

— Système simple et facile de la liberté naturelle...
Tout homme, tant qu'il n'enfreint pas les lois de la justice, demeure en
pleine liberté de suivre la route que lui montre son intérêt, et de porter où
il lui plaît son industrie et son capital, concurremment avec ceux de tout
autre homme ou de toute autre classe d'hommes.

Ad. Smith. (*Richesse des nations*, t. III.)

Il est heureux que la pente naturelle des choses entraîne les capitaux
préférablement non là où ils feraient les plus gros profits, mais où leur
action est le plus profitable à la société.

Jean-Baptiste Say. (*Traité d'Écon. pol.*)

Il a voulu dire, sans doute, avec toute sa suite, la liberté de tuer son voisin ou concurrent, pour ne pas en être tué.

***

Mais encore, ce n'est pas même là, une explication et encore moins une affaire *raisonnée*, un raisonnement et une démonstration.

Car pour le produire, ce fait brut, il faut nécessairement, encore ici, notre même ressort ou rapport d'inégalité sociale, de nos deux termes dualistes de production et de consommation.

***

Il faut nécessairement que les consommations générales en moins ou économies dites reproductives, d'un côté aient fait ou aient eu, comme corrélation, des consommations générales ou dépenses en plus, non reproductives ou improductives de l'autre.

Et cela, toujours, dans la même mesure générale ou sociale de perte et de gain et dans les mêmes rapports voulus et liés entre eux, d'équivalents, d'intermédiaires et de contre-parties.

— Et pour le redire, et comme exemple toujours, pour que les 100 maisons de commerce se réduisent à 50 magasins, il faut, — en le prenant sur un chiffre total d'affaires et un mouvement ou courant général et inégal de transactions, — il faut que les magasins aient pu, avec un achat, consommation ou coût de matériel et d'approvisionnements de 75, avoir ou voir venir, comme vente ou produit, une clientèle de 100, et de 50 pour 75, et ainsi de suite...

Pendant que les maisons auront dû apporter au marché 100, en dépenses et coût d'approvisionnement, et que leur vente, réapprovisionnement ou retour de clientèle n'auront été que de 75, et 75 pour 50, et ainsi de suite...

Avec des bénéfices ou fonds de pourcentage ou analysés qui, pour qu'ils aient pu devenir de 5, 6 et 7, d'un côté, ont dû devenir de 3, 2 et 1, de l'autre.

***

Et que ce même écart continue, et il doit continuer, — car sans cela, pas de commerce possible.

Du côté de la production, les 50 ateliers devront se réduire à 10, à 4 ou même à 1 Compagnie de production, à forfait ou à un prix de soumission, — si ce n'est, ensuite, de monopole.

Du côté du commerce, les 50 magasins à 10, à 4 bazars, ou à 1 Compagnie de vente au rabais, — si ce n'est, ensuite, d'accaparement. — Avec leur personnel, dans les deux cas, non plus de salariés, mais d'employés, — *id est*, à cela, assujettis et *employés*.

— Sortes de Saturnes monstrueux des deux côtés, ou plutôt, de saturnales économiques qui auront tué toute concurrence et qui ne seront nées, qui n'auront vécu et n'auront grandi, qu'engraissées et nourries des ruines et des destructions, semées autour d'elles, correspondantes et leur faisant coup.

Et n'est-ce pas même, pour le dire en passant, à ce cran monstrueux que viennent aboutir — et que viennent se perdre et faillir, comme dans une impasse et fond de sac — tous nos prétendus socialistes d'État, dits collectivistes?

— Notre même tout donc, d'un côté; et rien de l'autre.

Mais qui a grandi. Il est devenu maintenant un objet de trafic, d'échange et de commerce.

***

Quant à Vorax, le consommateur, qui aura obtenu, de plus en plus, en valeur d'échange ce qu'il aura reçu, do moins en moins, en valeur d'utilité, il en aura reçu réellement pour son argent; et il est juste qu'il n'en ait réellement quo pour son argent.

***

Mais au point de vue général et de la Valeur où nous nous plaçons, c'est cette valeur d'utilité, d'honnêteté, qui disparaît pour faire place à cette valeur d'échange, de moins-value, et si souvent de malhonnêteté.

Et cela même socialement parlant sans aucun résultat ni issue possible. — C'est-à-dire, sans pouvoir nous tirer ni sortir de cette impasse ou mauvais pas économique, — impasse du *tout* et du *rien*, — car plus rien à gagner, plus rien à perdre ou à acheter.

Vulgo, surproduction, encombrement, chômage.

C'est donc, pour que les affaires ou que l'affaire reprenne, le même revenez-y d'inégalité, le même jeu social qui devra recommencer par de nouvelles inventions, de nouveaux procédés, de nouvelles découvertes, ou plutôt par le même procédé, la même invention, la même découverte, où plutôt la même chute et défaite économique.

Et elle recommence, en effet, ou pour mieux dire, elle ne cesse pas.

***

Et on peut même voir, comme pour tout ce qui dure, que le peuple lui-même, qui s'y connaît en fait de misère et des chutes sociales, a consacré, dans son langage, ce grand fait et rapport brutal, dans nos conditions, en divisant les choses en riches et en pauvres : les pauvres pour les pauvres qui doivent mourir; les riches pour les riches qui doivent vivre.

Rien de plus contradictoire, en effet, que des individus ou sociétés qui doivent périr, soient bien vêtus, bien logés, bien nourris; — l'intérêt et l'avantage de l'humanité demandent précisément tout le contraire.

***

En résumé, et comme on peut voir, et mieux voir encore ici :

Surcroît de vie, surabondance de fortune industrielle et commerciale, d'un côté;

Surcroît de mort, de misère, décroissance et disparition, de l'autre; mais ici, en même temps, répétons-le, disparition et déperdition, de plus en plus grande, de la valeur industrielle et commerciale elle-même.

Écart donc considérable entre la valeur d'une semblable coopération sociale et son prix.

— C'est l'effet, pour nous, encore dans ce cas, d'une volonté économique commerciale qui s'est écartée du Droit, de la Moralité et de la Valeur, je veux dire des grands principes d'égalité et de liberté, et dont le cours, le courant d'affaires, *raisonné* ainsi, dans cette valeur en partie double, de nos maîtres et savants économistes, ne peut et ne doit aboutir, comme nous l'avons démontré, qu'au triomphe de la moins-value, du savoir-faire échangiste, et trop souvent du manque d'honnêteté.

Voilà donc notre compte ou plutôt notre décompte social.

***

— Mais, reprend Harpinus, nous avons l'exportation.
— C'est le même rapport exporté.

IV

— Avant d'aborder vos exportations et de voir au dehors, me dit Pierrot, expliquez-moi votre capital ou bénéfices évalués et capitalisés.

Comment, en effet, comme on me l'a toujours enseigné, le capital pourrait-il être du travail accumulé et même coagulé, comme dit un autre? Voilà cent cinquante ans que mon grand-père, mon père et moi, accumulons, avons accumulé et coagulé, travail sur travail, et je n'ai pas un sou, dans ma poche, pendant que Grattelard, qui, en très peu de temps et sans travailler, a vendu 3 ce qu'il avait acheté 2, est devenu millionnaire.

Je crois donc, comme vous, que c'est parce qu'il y a beaucoup de Pierrots, comme moi, qui, au moyen d'équivalents, sans valeur sociale, ont dû, directement ou indirectement, lui acheter 3, l'échange (1) de ce que, pour ses frais (2), ils ne lui avaient vendu que 2, et que c'est, comme conséquence de ce que, ainsi que tant d'autres Pierrots, je n'ai pas le sou, qu'il est devenu millionnaire.

— C'est une conséquence, à double tranchant, qui n'est donc pas vraie pour tous les travailleurs, inégalement partagés, et qui, même pour toi, qui l'es mal, se trouve fort éloignée, — mais dont se servent, pour arriver, les meneurs qui t'endoctrinent et qui font de toi, leur marche-pied ; — attendu qu'il y a autre chose que le travail des bras à acquérir dans une société, il y a le travail ou les œuvres de la volonté, de l'intelligence, du génie, du devoir et dévouement social, qui ont une valeur mille fois plus considérable que ton travail et même une valeur sans limite ; mais il y a du vrai, pour ton côté, dans ce que tu dis.

— Pourtant, c'est le travail qui règle les prix.

— Pas davantage. Gâte-métier, ton voisin, a pu mettre huit heures pour faire un mauvais travail, et tu as pu ne mettre qu'une heure pour le faire bon ; doit-il être payé huit fois plus que toi ? Ce n'est donc pas la quantité ni le temps, mais la qualité du travail qui fait son prix et doit faire la fortune, dans l'intérêt de la société, afin que cette bonne qualité dure et se renouvelle, — ce qui fait la plus-value sociale.

---

(1) Nourriture, vêtements, etc., *achetés* par le travail.
(2) Force de travail, *vendue* par le travail.

LIVRE TROISIÈME

ÉCONOMIE POLITIQUE
(Suite)

CHAPITRE PREMIER

EXPORTATION ET IMPORTATION

Moins-value.

Rapax est exportateur, c'est-à-dire, vendeur à l'étranger. Vendre relativement cher ce qu'il a acheté bon marché est sa formule, dans notre cas, parfaitement vraie; et, comme toute vente qui n'est pas faite à découvert, est le règlement d'un bénéfice, il préférera être vendeur; et, s'il est acheteur d'or ou équivalent général ou universel, cet or en plus, qui revient à la production de son pays, fera l'effet d'une plus-value pour son commerce, sa production et sa consommation.

Si, à ce bénéfice d'exportation ou de vente de produits nationaux, il joint un commerce de transport ou de rendement à domicile, ce double bénéfice fera, de plus en plus, la fortune de son pays, qui pourra ainsi croître en population, en colonies et territoire, et arriver même, de cette façon, à concentrer ou monopoliser, sur un point du globe, le commerce extérieur universel.

Ce qui peut même offrir, pour le pays, momentanément, le moyen de conjurer, d'éloigner, d'ajourner, je ne dis pas de résoudre, le problème social ou celui de la misère, par la colonisation.

*
* *

Mais il y a la contre-partie.

Vorax est importateur, c'est-à-dire, acheteur à l'étranger. C'est donc ici le pays vendeur, et plus vendeur qu'acheteur, qui devra faire ce même bénéfice.

Et c'est là, par le fait, un échange ou une répartition et division de plus-value et de bénéfices qui tend à se faire sur le globe. Et, au moyen de ce partage de bénéfices une division du travail commercial ou approvisionnement d'équivalents universels, qu'on voit s'établir, et autant de ports nationaux, autant de points de départ et d'arrivée de cette division.

*
* *

Mais ici encore, même manque d'issue et de débouché. Si cette répartition ou échange d'avantages, d'équivalents contre équivalents, ou de produits contre produits, devient égale ou se balance, où sera pris le bénéfice?

Car pas de bénéfice encaissé et réalisé, pas de commerce, pas plus extérieur qu'intérieur, et surtout, pas de progrès d'outillage, ni d'amélioration.

— Il sera pris encore ici à l'économie, — et d'abord, intérieure.

— Tu peux produire à 2, ce qui me coûte 4. — Moi, de mon côté, je peux produire à 2, ce qui, chez toi, te revient à 4. Bénéfice de 2 pour chacun de nous.

Plantons donc là, nos producteurs nationaux; car, leur ruine est encore ici notre meilleur profit, attendu que nous ne sommes, nous, et ne devons être d'aucun pays.

⁎

— La belle chose que la liberté commerciale, dit Bec-ouvert le libre-échangiste, qui se place du côté de la consommation. De quel droit, en effet, me faire payer 4 ce que je peux avoir pour 2?

— La belle chose que la réciprocité, reprend Bec-fermé le protectionniste, qui se place du côté de la production et qui croit pouvoir enrayer ou compenser un courant nécessaire et indispensable de bénéfices, c'est-à-dire d'inégalités, par des tarifs.

⁎

Ce courant, en effet, parfaitement nécessaire, est cette ventilation, cette compensation d'avantages réciproques des climats et des dons naturels, qui doit se faire; mais qui, au lieu de se faire au profit de tous, internationale-ment, n'est ici et ne peut être que la ruine des uns, pour le profit et bénéfice des autres.

Et par cette raison, que c'est toujours notre même rapport de moins-value ou d'inégalité qui agit, à la fois ici, intérieurement et extérieurement, et qui fait et produit une ruine et misère intérieure de plus en plus grande, pour des bénéfices de plus en plus considérables, et auquel vient s'ajouter le même rapport d'inégalité extérieurement; c'est-à-dire, une double ruine à côté d'un double bénéfice.

⁎

Extérieurement, en effet, par notre même jeu d'éco-nomie et de dépense, d'équivalents et de contre-parties,

50 ports, docks, havres ou marchés internationaux deviendront et devront, en se réduisant, devenir 25, 15, 10, etc.,
et les bénéfices croître de tout ce que les frais d'outillage
et d'approvisionnement diminueront. D'où, nouvel aliment
et nouveaux moyens pour la concurrence, l'achat de matériel, de machines et de vaisseaux.

Et en suivant toujours et par ce même jeu de perte et
de gain accumulés ou capitalisés en dépenses improductives et reproductives, 10 ports ou points de départ
internationaux pourront encore se réduire et devront se
réduire à 5, 4, 2, etc.

De façon à arriver encore ici, nécessairement, à une
sorte de monopole ou accaparement du marché universel.

Sorte de Moloch commercial qui ne se sera formé et
n'aura vécu, lui aussi, que des ruines et des destructions
qu'il aura semées autour de lui.

Mais ici encore résultat social et international nul; car,
plus rien à gagner, parce qu'il n'y aura plus rien à perdre
ou à acheter. — D'où encombrement, surproduction commerciale. C'est donc le même jeu qui devra reprendre par
le démembrement ou vente à perte du Colosse (1).

Et notez que les guerres commerciales elles-mêmes ne
font ici qu'emboîter le pas et suivre et non produire cette
logique du mouvement.

— Voilà donc encore et plus que jamais :

Un regorgement et une surabondance de fortune et de
biens d'un côté;

Et un regorgement et une surabondance d'infortune et
de misère de l'autre.

Et l'un et l'autre se faisant coup, par le même courant
d'inégalité nécessaire devenu ici universel.

---

(1) Les choses se font comme elles se défont. *Œadem dissolcuntur quo
modo colligata sunt.*

**

Et au point de vue de la valeur sociale internationale et comme tendance et aboutissement général, au moyen toujours de nos deux morales économiques ou deux valeurs :

Vie et fortune, prospérité et enrichissement du savoir-faire, de l'adresse et de la moins-value commerciale;

Et mort et ruine de sa plus-value, dépérissement de plus en plus grand, ou à craindre, de son honnêteté.

Tel est le bénéfice ou plutôt le coût international d'une semblable coopération générale.

Écart donc de plus en plus considérable entre sa valeur économique universelle et son prix.

**

Après tous ces exemples nous pouvons dire : Voici quelle est la cause et l'origine de la misère, et voici, en même temps, comme difficulté, ce que devient le problème social à résoudre.

C'est le mal qui s'est répandu dans le monde entier et qui, de maladie, est devenu et a dû devenir contagion.

CHAPITRE II

Plus-value.

L'utile n'est pas ce qui est utile à un, à plusieurs, à tous, mais utile seulement à ce qui est utile.

Il en est de même de la bonté. Et c'est dans ce sens que valeur veut dire encore utilité et bonté sociale.

***

Le prix des marchandises ou des équivalents doit donc tendre de plus en plus à se rapprocher de leur utilité, bonté ou valeur sociale, et c'est ce rapprochement ou cet écart qui fait la valeur ou non-valeur commerciale du marché ou de sa provision d'équivalents.

***

Plus le prix sera juste et honnête, plus les choses auront de la valeur et, en raison de leur prix, plus elles tendront à reparaître sur le marché. — Car, il n'y a que le bon, le bien et le mieux seuls qui doivent avoir leur prix afin de pouvoir se renouveler et se reproduire. — Le mal ou non-valeur est ce qui manque et doit manquer de prix afin de disparaître et ne plus se reproduire.

***

C'est donc ce cours, carrière ou ordre de plus-value des hommes, des professions et des choses — réglé par le commerce avec son étalon d'or ou équivalent universel — qui fait que le commerce a de la valeur, que le marché est bon — *vulgo* bon marché — et a de l'*ordre* et que son approvisionnement devient et redevient réapprovisionnement, avec un surplus ou plus-value.

***

Plus il y a d'équivalents véritables ou de provision réglée et ordonnée, plus la faculté d'échange ou de choix est grande et plus le juste prix tend à s'établir, c'est-à-dire à faire que ce que l'on donne égale ce qu'on reçoit en plus-value.

***

Quand une nation d'une économie sociale parfaite s'étend sur le globe, ce n'est pas seulement son commerce qui s'étend, mais son cercle économique tout entier.

Et c'est ce qui fait la solidité de ses relations internationales, parce qu'elle reçoit en plus-value nationale autant qu'elle donne en plus-value d'amélioration et de civilisation européenne et universelle.

***

Il est bien entendu que ce cercle de valeur ou d'intérêts internationaux doit laisser intérieurement, à chacun des cercles nationaux, composés des mêmes termes, toute sa liberté, valeur et autonomie, — et qu'il ne doit faire que les aider et compléter. — Attendu qu'on ne saurait, politiquement et économiquement, avoir l'idée de ne faire qu'un seul peuple de tous les peuples, et qu'une nation de toutes les nations.

***

Celui qui colonise, dans ces conditions, rend autant de services à son pays que s'il était soldat.

***

Ce n'est ni la production, ni la consommation qui peuvent être le point de départ de la mobilisation, circulation ou transformation du monde en produits, marchandises, spéculations et consommations, mais le commerce et la spéculation.

***

Pas de navire, comme prolongement de voie, pas de commerce. L'équivalent et la marchandise suivront toujours le pavillon; mais, c'est la plus-value et le bénéfice seuls qui feront et produiront le pavillon.

**

Maillochon, qui est maçon, ne demandera pas une poutre, comme équivalent de sa monnaie; ni Soliveau qui est charpentier ne demandera pas une pierre; mais ils demanderont tous deux que l'équivalent de leur argent ou la marchandise soit bonne, c'est-à-dire, qu'elle donne une plus-value à leur profession, et que s'ils ont mis 2 sous, ils en gagnent et retirent 3.

**

Pour qu'il n'y ait pas d'écart entre la valeur et le prix, il faut que les meilleures choses soient pour les meilleurs et à la tête de la société; les inférieures pour les inférieurs, afin que chacun ait le prix qu'il mérite et que, socialement, ce soit le mieux, hommes et choses, qui dure et se renouvelle.

**

L'écart ou le non-écart entre la valeur et le prix peut ne pas dépendre entièrement de la valeur et de l'honnêteté du commerce, mais d'une concurrence déréglée et d'un avenir incertain, et c'est alors que la spéculation lui vient en aide et concourt à établir le juste prix.

**

La spéculation est, en économie sociale, la liberté ou la demande réglée, ordonnée et payante. Elle est au Droit ce que l'Honnêteté est au commerce.

C'est l'organe ou point de départ de la Valeur.

CHAPITRE III

SPÉCULATION

I

Un père dit à son fils : « Je t'ai élevé et me voilà vieux. Tu vas, en échange des soins que je t'ai donnés, me donner les tiens; mais tu m'en donneras *un peu plus* pour m'avoir fait attendre. »

— Et comme le fils pourra en dire autant au sien : c'est ici le plus qui produit le plus et il provient d'un devoir social rempli, d'une dette payée, et le proverbe dit : « Qui paie ses dettes s'enrichit. »

C'est cet enrichissement par la justice qui est la prospérité d'un pays et la plus-value d'une société.

***

C'est cette justice qui est la valeur morale de l'opérararation. Elle est droite, honnête et juste, et c'est ce fonds d'*intérêt* et de plus-value sociale qui est celui de la spéculation.

***

La spéculation est donc une opération sociale à terme, et ce terme est l'avenir même de la société ou la société à venir.

— Une société sans avenir ou sans vue d'avenir est une société sans spéculation.

— Et comme cette durée, cet avenir de la société est son plus haut degré de valeur et de vie, son prix a été appelé prime, majoration ou satisfaction sociale de plus en plus grande.

— Et c'est là, le travail et le rôle de la liberté économique ou de la spéculation de faire que cet avenir, terme ou durée sociale, et sa demande, soient non seulement *prévus*, mais distribués, employés et placés conformément à la Valeur et au cercle qu'elle décrit.

***

La troisième transformation du produit est d'être, de devenir un objet de choix, de besoin ou de demande réglée, raisonnée et réfléchie dans un but déterminé, *prévu*, *préconçu* et *prédisposé* de spéculation, de commerce, de consommation et de production.

Moins-value.

Mais, dit Rapineau, si comme prêteur ou vendeur, je reçois 2, et que, comme acheteur ou emprunteur, je restitue 2; je n'ai là, qu'une compensation, qu'une équivalence de terme, et ni surplus, ni plus-value. Or, une société sans surplus, sans avance ou qui n'avance pas, recule, et, doit devenir, à terme, la proie du voisin qui en fera son bénéfice.

Il me faut donc, pour vivre et continuer à vivre, avoir et gagner ce terme, cet avenir social; et, pour cela, revenir à tout bon système d'économie; faire que le moins puisse me donner plus, 1 pour 2, 2 pour 3, c'est-à-dire, acheter moins ce que je dois vendre plus, ou vendre plus ce que je dois acheter moins.

***

Et c'est ainsi que le comprennent et le pratiquent journellement toute cette fourmilière de petits échangistes tels que Grippe-sou et Gagne-petit, qui ramassent, au prix de leur maigreur, toutes leurs petites, mais rudes économies, — une maigreur qui fait toute l'épargne sociale, — qui graisse et engraisse tout.

Ils m'ont dit : Fais que ce sou m'en rapporte 2, et 2, 4 ; et que je m'enrichisse, ainsi, à ne rien faire, pendant que tu feras travailler mon argent.

**

Voilà l'ordre ; je l'exécute !

Je trouve donc, en fait de durée et de terme, à économiser d'un point à un autre, et à faire qu'un trajet ou parcours qui demandait 4 jours n'en demande plus que 2, — 2 jours de dépense de moins, double bénéfice.

Le sou de Gagne-petit, souscripteur, lui en a valu 2, en dividende.

Et ma part de fondateur a également doublé.

Ce surplus, part et dividende, d'une durée ou capitalisation escomptée ou capitalisée, est employé en émissions et créations nouvelles et fait que le transport ou tonnage qui n'était que de 4 est devenu de 8. — Un même parcours ou durée qui s'est réparti entre un double d'objets, et qui a fait et créé, par sa répartition, une vie, un mouvement social double, pendant que les frais, répartis également, dans les mêmes proportions, sont descendus de 2 à 1.

Nouvelle hausse du dividende de Gagne-petit ; ses 2 sous seront devenus 4, et ma part aura augmenté dans la même mesure. Et, quand à la société, accroissement de fortune et de durée ou terme ou continuation de cette fortune, dans la même proportion, de 4 à 8, — un avenir social et un mouvement de vie deux fois plus considérables.

Voilà donc la prime sociale, en même temps que le résultat.

***

D'accord; — mais ce n'est encore là qu'un fait brut, et ce n'est pas une explication, encore moins un raisonnement d'affaires.

Votre cours ou courant de spéculation ne vient toujours, comme pour l'eau, que d'une inégalité de niveau.

Économie ou moins de dépense de durée d'un côté, veut dire, plus de dépense de durée, de l'autre; par notre même jeu contradictoire et inégal d'équivalents, d'intermédiaires et de contre-parties.

Si — le travail et sa durée étant pris pour bases et points de départ — sur un total de 8 minutes de travail social, Gagne-petit a dû ou pu — par n'importe quel moyen — n'en travailler ou consommer que 3, pour en avoir 5, comme produit ou travail à commander ou à acheter; c'est que Grippe-sou a dû en travailler ou consommer 5, pour n'en avoir que 3, comme produit, travail ou son équivalent à échanger ou acheter;

Et que, si 4 minutes ont suffi à son entretien, Gagne-petit a pu ainsi, en mettre une ou un sou de côté et vous l'envoyer en souscription.

***

De même que vous :

Si vos frais d'émission, d'entretien, d'exploitation et de production ont été moindres, c'est que ceux d'une autre entreprise ou d'autres corrélatives, lui faisant coup et contre-parties, ont été plus considérables;

Et toujours, pour le redire, par ce même jeu et chassé-croisé indispensable d'une dépense en moins de durée et de trafic d'un côté, pour produire une dépense en plus de durée et de trafic de l'autre;

Un moins de dépense, d'un côté, dit pour cela reproductif; un plus de l'autre, dit, pour cela, improductif, de tout ce que l'autre aura en plus; — ce même jeu toujours mal cousu et mal *raisonné* de nos économistes, qui ne sont économes, comme on voit, qu'aux dépens des autres.

Une différence donc de la hausse à la baisse ou de la perte au gain, dans la même mesure.

II

Autrement dit et pour y revenir, comme exemple, si une compagnie a dû ne dépenser, n'acheter, comme frais, que 75, pour avoir ou vendre en trafic 100; et 50, pour 75; c'est qu'une autre, en contre-partie, et pour combler le vide, aura dû dépenser ou acheter, en frais, comme 100, pour n'avoir, ne vendre ou ne retirer que 75; et 75, pour 50; et ainsi de suite, dans les mêmes rapports de faux équivalents d'échange et de contre-parties.

Avec un fractionnement de durée ou de capital, c'est-à-dire, un dividende qui haussera et gagnera de 4, 5, 6, d'une part, pour baisser et perdre de 3, 2 et 1 de l'autre.

Voilà donc la prime sociale, en même temps que le résultat.

**

Vous aurez donc pu, d'un côté et sans aucune espèce d'aléa, — en lisant seulement dans les livres, — et même avec ou sans couverture, acheter moins, comptant, et vendre plus, à terme, avec une différence que vous aurez pu renouveler plusieurs fois;

Pendant que, de l'autre côté, Crochard aura pu vendre plus, comptant, ce qu'il aura pu acheter moins, à terme, et, renouveler aussi, plusieurs fois, cette prime ou différence.

*_**

Et ce qui vous aura permis de capitaliser cette différence, ce n'est pas votre capital primitif ou engagé, —
vous opérez à terme et vous n'en avez pas besoin, pas
même besoin de couverture, — celle de votre contre-
partie, dans ce cas, suffisant.

C'est, en majeure partie la souscription de Rat-salé,
et d'un millier de Rats-salés, qui auront placé là, et du
mauvais côté, leurs économies; qui, pour la plupart,
auront voulu en saler d'autres et qui l'auront été à leur
place.

Mais, pour vous, c'est comme un ressort économique
sûr et certain, qui aura fait passer, socialement et en
grande partie, leur capital de leur poche dans la vôtre.

Car vous aurez, Crochard et vous, profité, tous deux,
du terme, pour vous enrichir; vous, à la hausse, lui à la
baisse.

*_**

Vous pouvez même, appliquer ce même ressort à vos
parts de fondateurs, en réduisant ou monopolisant vos
bénéfices, en une seule Compagnie ou Banque mobilière
d'achat et de vente de titres d'entreprises. Sorte de satur-
nale spéculative encore ici, qui ne sera née et n'aura pris
vie que de la ruine et de la destruction faites autour d'elle.

— Ainsi donc et en résumé, toujours :

Ruine et mort d'un côté;

Fortune et durée de vie de l'autre;

Terme de misère;

Terme de prospérité;

Avenir de hausse et d'enrichissement;

Avenir de baisse et d'appauvrissement;

L'un et l'autre se répondant et se faisant coup.

Voilà le *fin-courant* ou le lendemain, le report, ainsi

que le coût de votre coopération d'avenir ou de spéculation.

C'est donc l'écart, encore ici, le plus considérable entre
son prix social et sa valeur.

***

Et ce n'est pas, remarquez-le, ce prétendu capitalisme,
— ce bouc émissaire et qui n'en peut mais, — n'étant
qu'un instrument — de tous les mécomptes de nos réformateurs et surtout de nos socialistes, et que visent toutes
leurs dangereuses tentatives; ce n'est pas, non plus, le
terme ni l'avenir, mis en *jeu*, de la société, avec toutes ses
multiples combinaisons, qui font, qui créent l'immoralité
du jeu et de toutes ses combinaisons à terme; mais c'est le
vice du rapport social lui-même qui fait, qui crée l'immoralité du jeu et du capital ainsi engagé, ainsi que du terme
et de l'avenir de votre société, — société ou opération de
contradiction à terme, plutôt que de spéculation.

Et, au point de vue de la valeur, c'est toujours, pour
nous, cette même liberté ou volonté économique, qui s'est,
encore ici, écartée de nos grands principes du Droit, de
la Moralité et de la Valeur.

***

Mais, au moins, reprend Rapineau, notre société vit,
grandit et se multiplie et ne se laisse pas distancer, envahir et primer par d'autres; tandis qu'avec vous, elle reste
sur place, sans surplus, sans plus-value, sans avance sur
d'autres sociétés, c'est-à-dire vouée, dans l'avenir, à la
destruction. Cherchez donc, comme moyen de salut, d'autres rapports d'entreprises, et trouvez d'autres moyens
d'accumulation ou de durée, que l'économie.

CHAPITRE IV

I

Plus-value.

Je reviens donc à mes rapports d'ordination et de plus-value d'entreprises.

Un père (1) dit à son fils :

Je n'ai rien *épargné* pour t'élever. Tu n'épargneras rien pour élever le tien; et c'est ma dette qui a fait la tienne, c'est ce que tu dois, c'est ton devoir.

***

J'ai donc dû travailler plus et mon travail a eu plus de valeur parce que tu grandissais, et plus encore, parce que tu grandissais encore.

Et la mesure de la plus-value de mon travail était la même que celle de ta grandeur.

Et cette plus-value, ce surcroît de travail m'était payé par un surcroît de satisfaction, et satisfaction d'autant plus grande, que tu étais devenu et devenais plus grand.

***

Mais mon devoir allait plus loin. Il m'a fallu faire juger, estimer, apprécier mon travail ou toi-même.

De là, le commerce des Hommes, et des choses pour leur entretien.

---

(1) La loi est un bon père de famille.   MONTESQUIEU.

Je devais recevoir ou il devait me donner, en équivalent, autant que je lui apportais moi-même.

*_**

Mais, ce n'est pas tout encore :

Je n'ai pas dû, en effet, me contenter, en toi, d'un équivalent; j'ai voulu mieux et que tu fusses supérieur.

J'ai donc dû *prévoir* et *préparer* cette supériorité, en choisissant, en associant et appropriant, dans ce commerce des hommes et des choses, ce qui ou ceux qui, suivant mes aptitudes et les leurs, pouvaient me faire produire plus et mieux. J'ai dû donc, par cela même, organiser ce choix ou ce mieux, qui devait faire ta supériorité et ma satisfaction, ma récompense plus grande encore, plus grande toujours et même infinie, si ta grandeur et ta supériorité pouvaient être infinies.

II

Et maintenant, ma dette de plus-value est payée. J'ai fait mon devoir, le tien va commencer.

Tu vas travailler, utiliser ce que tu dois aux autres et à toi-même, et l'employer à faire mieux.

C'est parce que tu vaux mieux que moi, que ton fils, socialement, devra valoir mieux que toi-même.

Et, pour cela prenant pour point de départ ta liberté, tu vas choisir, à ton tour, et mieux choisir, mieux *prévoir* et *préparer* ce mieux social, en plaçant ton activité, seul ou en association, dans ce cours ou concours d'aptitudes et d'activités et de matériel d'entreprises, afin de payer ta dette de mieux, de majoration et de plus-value, et dans ton fils surtout, qui est ta grande et ta meilleure entreprise. Et, c'est ce cours ou concours public d'améliorations qui te dira celle qui doit le mieux te convenir et que tu dois choisir, pour qu'elles se conviennent et correspondent — toujours — dans un même but commun de devoir, d'avenir, de terme ou plus-value de la société.

[*]

Et puis, ce produit formé ou réalisé, d'après ce plan, il devra être, à son tour, jugé et estimé publiquement; mais mieux jugé et mieux apprécié, afin que tu puisses recevoir, en équivalent, un retour de plus-value et de satisfaction personnelle égal à ce que tu auras apporté, toi-même, de plus-value à l'association générale; et cela, afin que le mieux aille ainsi en croissant, se renouvelant, et que le mieux produise toujours le mieux (1).

III

Et, quant à moi qui finis ainsi que mon apport et avoir et dont la demande est moindre, je te demande, seulement, à *durer* et finir, dans ce renouvellement et accroissement de plus-value.

Et ce sera, encore, une dette, un devoir que tu rempliras envers ce qui finit et qui te fera retour à toi-même, quand tu finiras.

Et tu éprouves, déjà, dans ce devoir rempli, dans cette durée ou continuation de mon existence dans la tienne, une satisfaction plus grande et d'autant plus grande qu'elle est, en fait de vie et de durée, socialement infinie ou sans fin.

[*]

Et cela, par ton devoir rempli, par ta dette sociale payée, une dette et un devoir que tu as, que nous avons

---

(1) Méthode, — tendance de l'esprit vers l'Être parfait.   Spinoza.

contractés ensemble, mon cher fils, envers cet héritage
de grandeur de nos pères, cet héritage de notre immortelle Révolution française, une dette sacrée d'honneur
national et un devoir sublime de liberté et d'égalité.

***

Voilà donc, mon cher fils, LA VALEUR DE L'HOMME!
Et voilà cet admirable devoir social, ce devoir de Droit,
de Moralité et de Valeur que tu as à payer, car c'est en
lui qu'est la véritable Valeur et plus-value de l'humanité
tout entière, ainsi que de toutes les sociétés humaines
d'avenir ou de plus-value; et, sans aucun écart possible
cette fois, entre son prix, sa satisfaction et sa durée, et
sa valeur.

***

Tu peux donc voir, dès maintenant, cet horizon et cet
avenir de grandeur morale et sociale qu'elle découvre
devant toi et tous ceux qui naissent, et qui doit aller,
toujours s'élargissant, comme l'avenir de l'humanité et
de la civilisation; parce que le fond de la nature humaine
étant la bonté, les hommes devront toujours naître,
croître et grandir d'autant plus, que le prix ou récompense de leurs efforts sera d'autant plus juste et honnête
ou que l'Humanité aura plus de valeur, c'est-à-dire que
la plus-value de l'Homme sera plus grande.

IV

En résumé, et pour le redire, la valeur d'une société,
d'un homme, d'une constitution sociale, de tout objet
quel qu'il soit, consiste dans sa production, son estima-

tion, son choix ou préférence et son utilisation dans ce même but de choix, de production et d'égalisation.

C'est donc un cercle de vie et de satisfaction qui ne doit pas finir et qui assure à la société sa durée et sa plus-value.

C'est donc ce cercle, cette continuation et durée de la valeur, cercle toujours ouvert et décrit par la liberté ou spéculation, qui fait que chaque terme ou chacun peut y trouver son point de départ et d'arrivée, *arriver* ou réussir dans la spéculation, le commerce, la production et la consommation, avec une *arrivée*, réussite et satisfaction toujours plus grandes.

**

C'est ce même cercle obstrué ou fermé qui fait la maladie sociale, faute de circulation de vie, et c'est cette maladie sociale qu'on appelle la misère.

**

C'est comme un arbre dont les couches se superposent à mesure que cet arbre de liberté croît et grandit.

**

— A mesure que cette valeur se constitue, de plus en plus, les primes de la spéculation, les bénéfices du commerce, les profits de la production et le confort et le mieux servi de la consommation tendent à se régler, en s'en rapprochant, sur cette valeur d'avenir et de spéculation et à avoir une prime ou plus-value, pour chaque chose, en rapport de plus en plus avec cette majoration et amélioration sociales. Ce qui fait que ces termes contradictoires de salaires, intérêts et profits, à mesure que la valeur des Hommes et des choses se constitue, tendent à n'avoir plus que la même formule : la Valeur et le Prix.

***

C'est parce que l'atelier a remplacé le métier, que le magasin a remplacé la maison de commerce, et la société de consommation, le restaurant; mais cette transformation ou toute autre, corrélative et correspondante, ne doit pas être le fait de la concurrence et d'une destruction; mais le fait d'une utilité et d'une plus-value sociale, d'une liberté et égalité *raisonnées* ou de la spéculation.

***

Un homme ou une entreprise sont de valeur sociale quand ils reviennent à leur point de départ et d'arrivée. Ce sont là des valeurs constituées qui se confondent avec leur prix. On peut *avancer* ou faire *l'avance* alors qu'ils y reviendront encore, c'est-à-dire réussiront. C'est cette réussite qui est la prime et la plus-value de la spéculation et la part ou récompense du spéculateur.

***

L'art lui-même et le génie des découvertes, pour avoir une valeur ou bonté sociale, doivent être gouvernés ou raisonnés.

CHAPITRE V

I

Tout ceci, répond Avale-dru, revient à dire que pour consommer plus, il faut produire plus et réciproquement; ou encore, ce qui revient au même, si j'ai 4 et que je gagne 5, 6, 7, et que mon voisin perde 3, 2, 1, etc., ce n'est pas que j'aurai tout, parce qu'il n'aura rien, et je ne serai pas riche, parce qu'il sera pauvre; mais j'aurai plus parce que j'aurai plus de savoir et de mérite, — ce qui socialement et individuellement, est parfaitement juste, — et le peuple, lui-même, exprime très bien cette vérité quand il dit que le bon ouvrier n'est jamais trop payé et que le mauvais l'est toujours trop.

— On n'agit et on n'acquiert que suivant sa manière d'être (1). Si vous êtes en état de lutte et de concurrence, vous avez un mérite et un avoir de lutte et de concurrence. Ce que vous possédez en *plus* n'est pas la cause mais la contre-partie nécessaire de ce qu'un autre possède en *moins*. C'est donc là une moins-value sociale.

Si votre manière d'être est celle de la liberté et de l'égalité, vous aurez un mérite et un avoir d'égalité et de liberté, et ce sera là une plus-value sociale.

L'égal et le *mieux* s'organisent comme le *plus* et le *moins* et ont une valeur d'organisation beaucoup plus grande, attendu que la quantité n'est ni la qualité ni la bonté.

⁎⁎*

Vous ne devez donc pas, dans ce cas, produire plus, pour échanger ou consommer plus, — ce qui d'ailleurs n'existe pas individuellement, — mais vous devez être juste et honnête pour avoir plus, et être libre ou droit pour avoir plus encore, ou mieux encore, ou avoir le plus de mieux et le plus de qualité.

Car telle est la plus-value.

---

(1) On veut comme on est, on n'agit que comme on est.

SCHOPENHAUER.

₊

C'est donc le mieux qui produit le mieux. — Le mieux payant et payé et non pas *plus*, mais *mieux* payé, plus *également*, plus *librement*, plus *régulièrement*, payé, qui, ainsi, demande ou commande, consomme ou entretient, reproduit, évalue ou marchande le mieux; un mieux ou plus-value qui, suivant la Valeur humaine, et mesurée en or, peut aller de 1, 2, 3 à 100,... sans limite aucune, de même que sans arrêt ni contradiction, dans son cercle d'organisation meilleure ou de plus-value.

₊

Vouloir ou choisir mieux, en fait de demandes payantes, d'aspirations et de projets souscrits, veut dire tenir ouvert le cercle de la Valeur.

Et comme rapport de choix, de volonté ou de spéculation, choisir mieux pour qu'un autre choisisse ou place mieux son activité, et puisse mieux nous l'échanger et nous payer la nôtre.

Ou encore : choisir mieux parce qu'un autre, avant vous, aura choisi mieux, et pour qu'un autre, après vous, puisse choisir mieux encore.

Car c'est là toute la Valeur de la Volonté, Liberté ou Ordination économique, et le rapport de choix, de placement, classement et renouvellement de toutes les valeurs de véritable spéculation. Je veux dire le véritable lien d'unité, de solidarité, de fraternité, d'honnêtes, justes et loyales entreprises.

₊

C'est donc — pour mieux le démontrer et y insister — dans notre cadre et formule de raisonnement social toujours ouvert, c'est-à-dire toujours *couvert* et garanti :

C'est donc, en fait de spéculation et d'avenir, — désirer, entreprendre et tendre à avoir de mieux en mieux, ou des primes et majorations de plus en plus grandes ; mais vouloir et savoir *prévoir*, *pré*parer, coordonner et distribuer ce mieux ou ces désirs, ces idées, ces aspirations, ces entreprises et leurs moyens ou professions.

En faire comme une sorte de carte sociale de mieux en mieux remplie ou souscrite, *prévue*, *pré*disposée à l'avance, avec le choix, le nombre et la place de mieux en mieux marquée, ordonnée ou raisonnée des convives, et le repas, pour tous et chacun, de mieux en mieux préparé, de mieux en mieux distribué et servi ; et, le tout, par les ordres et sous les ordres de ce grand chef et maître d'hôtel qu'on appelle la liberté.

Voilà notre avenir social ou notre Spéculation.

***

Un mieux donc de liberté ou de choix, d'arbitrage et de distribution, de placement et d'ordination, évalué et payé, en raison même de cet arbitrage, de ce choix, de cette ordination.

Ce n'est donc pas un prix réglé par la quantité, par un *moins* de dépenses ou économie, pour avoir un *plus* de produit ou de bénéfice ; ni par un *plus* de projets, d'idéal en vue ou fausse spéculation, pour un *moins* de réalité ou de réalisation et plus de pertes et de mécomptes.

Mais c'est l'ordre raisonné, l'arbitrage réglé et le raisonnement ou placement d'activités et de dépenses justes qui doivent être la mesure des prix.

***

Celui donc qui aura le plus de valeur et qui devra, par conséquent, obtenir, en retour, le plus grand prix, de ceux-là mêmes qu'il aura, pour sa part, *pré*ordonnés ou classés, ne sera donc pas désormais le plus grand ou le plus ou moins habile producteur, mais le meilleur choisisseur, arbitragiste, classificateur, ordonnateur; celui dont les affaires *raisonnées* et liées ou le Raisonnement d'affaires sera le plus droit, le plus honnête et le plus juste.

Voilà donc, au point de vue de la Valeur, ce qui doit tendre à s'*habituer*, se *moraliser* ou se socialiser.

Car, tel est notre règlement de compte de la société, avec son ordination et valeur de choix ou de liberté.

Le tout estimé et mesuré en or, comme prix et mesure d'achat et d'échange de sa plus-value.

**

Ne pourrait-on pas même dire, *a priori* et sans tant de mots, que les rapports de *plus* et de *moins* ne sauraient convenir et servir de règle à la liberté et à l'égalité, attendu que ce qui convient à la liberté ou à la spécula-tion, c'est la réciprocité et l'ordre, et ce qui convient à l'égalité c'est l'équivalence ou la juste mesure ?

Rapport donc, ou point de départ de réciprocité, d'ordi-nation et de Droit.

Rapport ou point de départ de Justice et d'Honnêteté.

**

Je reconnais d'ailleurs, pour revenir à notre état présent, que vous pouvez constituer une société, un contrat social synallagmatique, en partie double, avec deux termes seulement de contradiction et de dualisme, tels que ceux de production et de consommation.

Mais vous n'aurez que suivant la valeur de votre société.

Ruine d'un côté, dans ce cas, et fortune de l'autre; et le plus ne sera jamais que plus de misère, à côté de plus d'opulence.

- 85 -

**

C'est la seule explication, d'ailleurs, qu'on puisse donner de la misère. Nous en avons donc fait, dans ce sens, la conséquence, et comme la punition, d'une moins-value et dépression sociale.

Cette conséquence admise, restait à trouver le remède qui ne pouvait être que dans sa plus-value et majoration.

Et quelle majoration et plus-value plus grandes et plus inestimables que la solution de ce grand problème?

C'est même lui qui est aujourd'hui, comme le thermomètre et le signe vrai de toute Valeur humaine.

Car la formule invariable et droite de toute société comme de tout individu est et doit être toujours :

A chacun, à chaque société suivant sa valeur.

II

Quelques mots de plus sur ce grand sujet de la spéculation ou de l'avenir social.

L'échange, qui n'est actuellement qu'un moyen de transmission, acquiert ici une tout autre signification.

Car moi, producteur au moyen de l'or ou d'un autre signe ou ordre de transformation, je n'échange pas un produit contre un produit, ce qui serait une tautologie ou un restement sur place, mais j'échange un produit contre une marchandise ou produit évalué, qui me donne déjà un aperçu et comme un prix, d'avance, à ma reproduction.

Et moi, commerçant, je n'échange pas une marchandise contre une autre, mais contre un objet de plus de demande et d'un écoulement plus grand.

Et spéculateur ou choisisseur du placement de mon activité, de mon avoir ou plus-value, je n'échange pas placement contre placement, mais contre un arbitrage ou placement plus avantageux; et le plus avantageux ici est le mieux calculé et les affaires les mieux liées et raisonnées.

Et consommateur, je n'échange pas, au moyen de mon or toujours, service contre service, usage ou consommation, — ce qui serait une destruction, une fin contre une autre fin, — mais contre un emploi, un usage meilleur; et le meilleur ici, au lieu de la fin et de la destruction, c'est la vie et la reproduction.

C'est l'échange d'une fin contre un commencement, de façon que notre cercle de valeur ou de transformation recommence toujours avec une plus-value.

***

Au lieu de capital et de capitalisation, de propriété et d'appropriation, reprend Rapineau, vous dites alors transformation; et le capital, le travail, la propriété, le talent lui-même, qui n'ont jusqu'ici d'autre évaluation sociale qu'un plus ou un moins, se transforment socialement et n'ont plus que le mieux social et la plus-value, comme base d'évaluation, et partant, d'appropriation.

***

L'ordre matériel s'est toujours, dans tous les temps, conformé, adapté, *approprié* à l'ordre des Volontés.

Toute idée qui dure se réalise (1).

La base de la propriété est donc l'unité.

On peut donc dire, sur ce sujet:

C'est toujours la valeur sociale et sa manière d'être qui

---

(1) Création des objets sur le modèle des idées.   PLATON.

font la manière d'être et la valeur de la propriété, soit individuelle, soit collective.

La première propriété étant celle de soi-même; dans notre cercle et formule, c'est de se posséder et juger comme producteur, échangiste, demandeur et consommateur; et, de posséder, comme moyens d'existence, les choses sous la même forme, adaptation et appropriation de produits, marchandises, objets de choix et de consommation.

— Je laisse donc de côté, maintenant, tous nos vieux termes dualistes et contradictoires d'organisation, et, me plaçant, dans un cercle de valeur que décrit cette Valeur même, je dis : Point de départ et d'arrivée, et unité de solution.

Car, solution *une* veut dire satisfaction pour tous, un but rempli, une fin voulue et obtenue, donc *appropriée*, — un dénouement à notre existence sociale, aussi bien qu'un contentement.

***

Mais, j'ajoute toujours, un contentement, une satisfaction d'autant plus grande que nous aurons plus fait pour la mériter ou la posséder.

— Et je l'emprunte, je la prends tout entière, pour plus de garantie et pour être plus sûr de ne pas me tromper, ni tromper, à nos grands, à nos admirables principes de la Révolution française; dont je fais, pour leur donner une valeur plus sublime encore et une satisfaction même infinie, un devoir social et sacré.

— A vous, maintenant, de puiser à d'autres sources et de trouver mieux, comme c'est votre devoir, si vous le pouvez.

***

C'est fait, me dit Rapineau; je viens de vendre 3 ce que

j'avais acheté 2; et de vendre 4, ce que j'achèterai 3, la semaine prochaine.

Et, de ce fait, me voilà riche; que tout le monde, s'il le peut, fasse comme moi; voilà le mieux, pour le moment, et la meilleure plus-value pour la société, comme pour les individus (1).

— Le mieux est de vendre 2 ce qui vaut 2, et 3 ce qui vaut 3, à sa valeur; et de vous enrichir et vous élever, vous et la société, conformément à cette valeur des Hommes et des choses, nettement définie et pratiquée ou socialement constituée et organisée.

— En attendant, je roule sur l'or, tout le monde m'admire, pauvres et riches; et je gouverne tout; tandis que vous, avec votre valeur toujours à constituer, tout le monde vous tourne le dos et vous crevez de faim. Bonjour.

***

On ne verra jamais diminuer mais transformer le travail, parce que la satisfaction est infinie et qu'elle demande et qu'elle exige des efforts et une peine infinis, c'est-à-dire, une valeur égale à son prix.

***

Vous pouvez faire plus que votre devoir de plus-value; il est donc juste que ce surplus ait aussi son signe social; afin qu'il puisse, dans l'intérêt de la société, se continuer et se reproduire.

***

La France, par son admirable génie qui est celui de la Révolution française, — génie de Droit, de Moralité

---

(1) A la guerre, le plus fort est toujours le meilleur. SIEDWICK.

et de Valeur, — pourrait devenir le centre et le point de départ de la spéculation universelle.

Mais il faut d'autres Hommes et surtout d'autres doctrines pour que la spéculation renaisse ou plutôt naisse en France, et en fasse le premier marché des Valeurs de la civilisation.

***

C'est par la spéculation que l'économie politique touche à la politique ou à l'ordre et à la direction des Volontés.

CHAPITRE VI

CONSOMMATION

Consommation veut dire fin de la vie, de la carrière des Hommes et des choses, qui, s'ils l'ont bien remplie, se reproduiront.

C'est la dernière étape du cours ou transformation générale.

***

Le premier et principal établissement social, où la consommation a le plus de durée et de plus-value, c'est la famille.

La consommation, par le meilleur de tous les emplois et services rendus, y devient conservation, durée et filiation.

C'est en elle que se trouve, surtout, et que paraît dans la société le point de rencontre de cette durée et continuation, de ce qui finit et tend à finir et de ce qui commence, de la vie à sa fin et déclin et à sa naissance.

Un point commun à tous ou comme *un*, qui comme une loi inévitable devient une égalité et mesure de justice et de réciprocité.

Et ici encore, c'est la volonté du père ou du chef qui est le point du départ de cette existence, *une* ou commune, faite donc ainsi de liberté et d'égalité, et par sa durée de progression et de conservation, ces quatre termes de toute valeur.

Et cela, en vertu d'un devoir rempli, d'une dette payée et où la Femme, à côté de l'Homme, remplit son rôle d'associée et de codébitrice de ce devoir social, de cette dette de liberté et d'égalité.

⁎

Les Hommes, les choses, les institutions, meurent et finissent de leur mort naturelle et sociale, parce que tout doit finir et se consommer pour pouvoir renaître avec une amélioration et une plus-value.

Et c'est parce que cet accroissement du cercle de vie, de la valeur ou durée sociale, doit se continuer avec une prime, majoration et plus-value, que la production doit devenir reproduction, la consommation, réconfort et conservation, l'approvisionnement réapprovisionnement, et la spéculation ou émission, émission nouvelle; et c'est, ainsi, le cercle qui reprend toujours et se renouvelle en plus-value.

⁎

La fin, terme, but ou consommation des actes de la volonté est d'être absorbés, élaborés, de *durer* dans le cerveau ou entendement sous le nom d'idées; les idées d'être consommées et absorbées par le corps et de devenir aptitudes corporelles ou professionnelles.

Et la fin ou terminaison de l'Homme et de toute existence est de finir ou *durer* dans ces mêmes éléments de vie et de durée universelle, de mouvement et de repos, de mesure et de point de départ.

Point de départ et d'arrivée ou solution universelle. Une Valeur infinie et éternelle que les Religions appellent Dieu.

Un Dieu créateur, conservateur de justice et de liberté.

Terminus a quo;
Terminus ad quem.

***

Patatras, s'écrie Coquelicot, le républicain séparatiste, un *artiste*, nous voilà tombés, sans pouvoir en sortir, dans ce cercle de vie universelle et dans le domaine surnaturel des Religions ou des spéculations d'au delà, sur parole et à découvert.

Si, dans votre République, vous admettez Dieu ou votre valeur universelle, vous devez en faire votre point de départ, et votre valeur de l'Homme doit devenir valeur de Dieu et de tout ce qui vous y relie.

— Pourquoi donc pas ?

— Mais c'est là une valeur infinie, et toute Religion, qui croit l'avoir, voudra obtenir un prix infiniment grand.

— Très bien. — Mais au lieu de la payer à terme, je ne veux la payer qu'au comptant.

— Mais votre comptant ici ne vaudra jamais le terme et l'avenir de votre société.

Et laissez-moi vous dire qu'au point de vue social lui-même, il est bon que ceux qui se dévouent et qui meurent aient l'inébranlable conviction qu'il y a des choses qui ne meurent pas.

— C'est aussi mon avis, et il faut que des institutions sociales, quel que soit leur nom, qui peuvent produire ce surcroît de plus-value humaine et surhumaine, soient estimées et appréciées à leur prix.

— Mais ce prix est à terme dans les Religions.

— Qu'on leur fixe un délai raisonnable ou un premier terme, et si nous en avons pour nos soins et notre argent, nous pourrons le proroger et renouveler indéfiniment.

— Alors, reprend Coquelicot, nous voilà revenus dans notre même cercle de la Valeur et du Prix.

**

La dernière molécule de la consommation prend le nom de production et c'est le cercle qui recommence.

LIVRE QUATRIÈME

ÉCONOMIE POLITIQUE
(Suite)

CHAPITRE PREMIER

MONNAIE

La monnaie, *monere*, avertir, avis, n'est pas autre chose qu'un ordre social d'avoir à transformer l'objet en produit, le produit en marchandise ou équivalent, la marchandise en choix ou demande payante et réglée, et la demande en consommation.

— Et si l'on n'obéit pas à cet ordre ou avis, monnayé ou écrit, on obéira à l'arme du commandement, ou bâton du plus fort, parce qu'il faut que le monde vive.

**

Et qu'on accumule des armes, des billets ou de la monnaie comme signe ou ordre de transformation économique, cela ne change absolument rien au cercle de vie et de circulation sociale.

Et cet ordre vient de la parole du premier père de famille qui a dit à son fils : En échange des soins que je t'ai donnés, transforme pour moi le fruit que tu as cueilli ou produit, en consommation.

٭

Dans la famille, on obéit à la parole, et, à mesure que la contradiction et que la société augmentent, à l'ordre écrit, à la monnaie et à l'arme d'exécution.

— Et inversement à mesure que la guerre, la contradiction ou que le risque diminue. Cet échelonnement est un signe de plus ou de moins-value de la société.

٭

L'ordre de transformation ou signe de vie économique, pourrait être et devenir, dans une société, — et suivant la valeur de cette société, la parole ou l'édit du législateur lui-même, — toujours remboursable à vue, en or ou en un signe universellement accepté de circulation.

CHAPITRE II

CRÉDIT

Chaque terme économique a, suivant l'état de la société, son crédit et moyens particuliers de garantie; mais le crédit social est que la vie des Hommes et des choses qui, par leur faiblesse, fin ou commencement, ne peuvent vivre et circuler, par leur mouvement propre, et pourraient ralentir le mouvement général, entrent dans la circulation d'autres plus forts.

C'est, de la part d'une vie jeune et forte qui prête ses efforts ou crédit à une vie ou objet qui s'éteint ou qui commence, et qui l'aide ainsi à bien commencer ou bien finir, un acte de réciprocité, de prévoyance et de bienfaisance, et de l'autre côté, un acte de confiance et de foi sociale dans l'avenir de la société, et des deux côtés, un acte ou crédit, de plus-value, dont le prix est réglé par cette valeur même.

***

En contradiction ou société de moins-value, de production et de consommation, le crédit est un fonds d'économie contre-résultat d'une destruction, et qui ne voulant courir aucun risque, trouve plus prudent de servir comme de réserve sociale, et de se faire payer par ceux qui l'emploient.

Il y a le crédit ou intérêt du pauvre et du riche. Du riche, qui le paie d'autant moins qu'il en a moins besoin et ne fait courir aucun risque; du pauvre, qui le paie d'autant plus qu'il en a plus besoin et qu'il court et fait courir plus de risques.

Un moyen de plus, pour le fort, de tuer le faible et de vivre de sa destruction.

CHAPITRE III

MEUBLES ET IMMEUBLES

On peut mobiliser, faire circuler et plus-valoir, par cette vie même, tout ce qui existe dans une société; mais dans la mesure même de la Valeur humaine; parce que jusqu'à ce que l'Homme ait vaincu la nature et la durée, le prix des choses ne peut pas toujours s'accommoder au *desideratum* d'avenir social. Il lui faudra donc quelque prudence, comme mère de sûreté; et — pour rendre ainsi toute mutualité, assurance ou solidarité sûre, — une couverture ou garantie pour le mauvais temps et l'hiver possible des entreprises.

Mais cette précaution, provision ou capital fixe ou immobilisé, qui doit être *primé* et *intéressé* pour son entretien, doit devenir de moins en moins utile, — et dans la mesure même, toujours croissante, de la victoire de la Valeur humaine sur les obstacles naturels.

Ces obstacles surmontés, tout alors pourra devenir, sans inconvénient, vie et circulation, et le capital ne sera plus ni fixe ni circulant, ni mobilier ni immobilier, mais un point de départ, dans cette société ou circulation de vie et de plus-value de la civilisation.

CHAPITRE IV

IMPOT

L'impôt est le prix, évalué en or, d'une constitution ou de l'organisation politique et sociale des volontés.

**

Une constitution est une valeur d'organisation constituée, dont le prix par conséquent se confond avec la valeur. On peut dire le prix ou la valeur d'une constitution.

**

La valeur d'une constitution est d'être une organisation politique et sociale de liberté, d'égalité, de progrès et de conservation ; et c'est ce qui fait sa plus-value.

Au point de vue du prix ou de l'effort dont on doit la payer, elle doit être, comme tout autre objet : produite, estimée ou évaluée, choisie ou préférée, et utilisée dans ce même but de liberté, d'égalité, de progrès ou de plus-value.

— C'est cette plus-value qui veut dire aujourd'hui absence de contradiction et, par conséquent, fin de la guerre et de la misère.

Une constitution d'un tel mérite et d'une telle plus-value devrait donc avoir et se payer un grand prix.

— Je croyais le contraire, dit Gaspillard, et que le mieux ici, était ce qui, constitutionnellement, ne nous demandait rien pour nous donner tout.

— Une constitution ne peut réellement donner à un, plusieurs, tous, en bien-être et plus-value politique et sociale, que l'équivalent de ce qu'elle reçoit elle-même d'un, de plusieurs, de tous, en plus-value constitutionnelle et sociale; et c'est cette équivalence ou retour de Justice et de Droit qui fait la bonté et la valeur de la constitution; constitution de Droit, d'Honnêteté et de Valeur.

— Quand une constitution ou organisation politique et sociale est telle, que les uns donnent ou paient tout pour n'avoir rien, et les autres rien pour avoir tout; c'est que la constitution est une constitution de moins-value ou de dépression sociale, d'injustice et de malhonnêteté.

* * *

Disons, pour finir, que dans ces sortes de constitutions de moins-value, de lutte et de concurrence politique et sociale, l'impôt y devient, le plus souvent, une arme de parti.

On pourrait donc, comme exemple, signaler, entre autres types, Brennus, un de nos *artistes* financiers démocratiques.

Deux plateaux, l'un de production, l'autre de consommation, doivent, d'après tous nos économistes, se faire équilibre. Vous faites tomber du côté de la consommation 4 milliards de dépenses, dites par eux consommations improductives, — des impôts, une *charge* que, d'après tous les programmes démocratiques, vous devez vous efforcer de prendre à la richesse acquise, — ce qui veut dire, au plateau de la production.

L'équilibre se rompt naturellement et la balance se disloque et bascule tout d'un côté.

C'est alors qu'arrive en scène, Brennus, notre *artiste*.

— Prenez donc, s'écrie-t-il, *id est,* salez-les donc toujours du même côté et portez toujours de l'autre.

— Mais vous avez déjà tout disloqué, tout va casser infailliblement.

— Salez donc du même, salez, salez; c'est le peuple qui est le consommateur-électeur et qui, en bonne démocratie, doit être déchargé et dessalé; et c'est le capital, le riche ou le producteur, direct ou indirect, qui peut payer, qui doit être chargé et salé.

— Mais, ça craque de partout, c'est la culbute.

— Salez toujours !

— C'est la banqueroute.

— Salez donc, vous dis-je; vous ne salez pas, salez pas assez du même côté.

— Vous croiriez peut-être qu'on va envoyer ce détraqué dans une maison de fous.

Détrompez-vous, tous nos meilleurs démocrates s'empressent au contraire de l'envoyer à la Chambre ou au Sénat où la majorité lui dit, en le félicitant :

« Toi, qui es un véritable *artiste* en fait de sage répartition d'impôts, tu dirigeras les finances de la République. »

***

Une remarque. — En fait de calcul, de règle, de mesure, de quantité, d'évaluation ou de comparaison, on ne doit pas oublier que tout Raisonnement, se traduisant toujours dans les faits, crée et produit toujours, nécessairement, son chiffre.

Avis donc à nos fabricateurs et raisonneurs de statistiques, si à la mode, qui, intervertissant cet ordre, posent 2 ou 4 et en font suivre un raisonnement et quelquefois deux et trois.

CHAPITRE V

POLITIQUE EXTÉRIEURE

I

Conquête et Conservation.

--

Moins-value.

Toutes les questions, de même que leurs solutions, deviennent aujourd'hui, de plus en plus, internationales.

**

Quand on naît de la contradiction, il n'est pas toujours sûr qu'on en vive, mais il est toujours sûr qu'on en mourra.

**

Vous ne devez conquérir que ce que vous pouvez conserver, dit-on à Casque-de-fer.

Il répond : « Je ne peux conserver que ce que je suis en état de conquérir. »

**

Pour que votre adversaire ou voisin, dit Alopex, le diplomate, vous donne raison sur un point, il faut lui donner raison sur un autre; mais un plus petit point; autrement dit, faire une opération à bénéfice.

Les frais d'établissement d'une armée sont : son territoire, et ses frais d'entretien : l'or qu'il faut pour la faire
vivre et la reproduire.

Une nation a un territoire et de l'or qui entretiennent
10 soldats.

Une autre nation également.

La bataille s'engage, 2 soldats tués ou *consommés*, d'un
côté ; 4 de l'autre ; reste 8 au vainqueur ; 6 au vaincu,
qui, *annexés* comme *produit* de conquête, font 14 au
vainqueur.

Bénéfice, pour la paix, 6 soldats de moins à entretenir
et plus de frais d'établissement et de territoire.

Une seule armée, un seul territoire. Cette nation, ce
semble, pourra désarmer et donner, au monde, la paix
au meilleur marché possible, c'est-à-dire pour rien.

***

Mais déception cruelle et le plus triste des illusionne-
ments.

Car, plus rien à perdre, plus rien à gagner ni à conquérir ;

C'est donc, à moins de changement de rapport, — ce qui
n'est pas le cas, — la guerre ou la contradiction qui devra
recommencer ou ne pas cesser, par le démembrement.

Et alors ? — résultat nul donc, et une moitié, une pa e
du monde tuée pour rien. Tout un désastre et une dévas-
tation qui auront été inutiles.

***

Voilà donc, au point de vue général ou de la Valeur, à
quel néant de destruction est voué ce pauvre et malheu-

reux principe de nos nationalités, dans sa concurrence de vie internationale, avec son aboutissement fatal : cet épouvantable prix d'une dictature universelle.

Le plus monstrueux écart qu'on puisse jamais imaginer entre la valeur d'une organisation et les sacrifices qu'elle demande, c'est-à-dire, son prix.

Et une dictature, qui soit unitaire, soit collective, sera d'autant plus instable et fragile qu'elle sera plus universelle; ce qui veut dire qu'elle aura coûté plus d'efforts et de sacrifices pour s'établir.

**

Et tout raisonnement devient ici non seulement inutile, mais il pourrait même être dangereux, car il ne s'agit pas de raisonner, mais d'agir ou plutôt de réagir.

—C'est ce fait brut, en effet, c'est cet écart, dans le prix d'une organisation générale, qui dirige et domine tout. Il est comme la clef et la vie elle-même de l'histoire, sa mesure et sa raison d'être. L'histoire en *plus* d'une nation étant nécessairement, dans ce cas, l'histoire en *moins* d'une autre nation.

**

Autrement dit, nous retombons ici, sous une forme humaine ou plutôt inhumaine, dans notre même principe de concurrence et de lutte du fort et du faible, du grand et du petit, de l'inférieur et du supérieur, du vainqueur et du vaincu.

Et avec les mêmes rapports et proportions que dans l'économie sociale.

Un ou plusieurs vainqueurs et grands, qui le seront d'autant *plus*, que d'autres, un ou plusieurs, le seront d'autant *moins*, et qu'il aura fallu plus de sacrifices et de ruines pour les faire vainqueurs, et les rendre grands;

Qui ne seront une mesure de conquête et d'élévation que parce qu'ils seront, en même temps, une mesure de défaite et de destruction.

Vie donc d'un côté, encore ici et surtout ici, et mort de l'autre, mais trop réelle.

Des abîmes et des précipices pour faire et produire des sommets.

Des sacrifices de tous, pour en grandir et en glorifier quelques-uns — et quelquefois un.

Voilà maintenant la tâche de nos deux facteurs de toute organisation humaine : la Valeur et le Prix.

Avec leur compte et contingent de morts, malheureusement, trop facile, à établir.

II

Soit, par exemple, 10 États et 10 armées et territoires militaires.

Il est évident qu'ils ne pourront et ne devront, en s'alliant, en venir aux mains qu'avec des chances égales ou à peu près, de part et d'autre.

5 d'un côté, par exemple, et 5 de l'autre.

Mais ce qui est non moins évident — ce qui rend le fait si nul au point de vue général — c'est qu'il ne saurait y avoir de vainqueur sans vaincu, c'est-à-dire, qu'un côté ne doive perdre ou devenir 4, 3, 2, pour que l'autre gagne et devienne, de ce fait 5, 6, 7...

Mais, comme à cause du flot toujours croissant de populations, il y aura toujours, dans ces rencontres, de plus en plus d'hommes et de territoires annexés et sacrifiés, c'est donc nécessairement ce même écart qui devient et tend à devenir de plus en plus considérable entre la valeur de cette organisation européenne et le prix ou les sacrifices qu'elle demande.

***

Et que cet écart continue, — et il doit continuer, — ce qui veut dire la bataille suivre ou s'ensuivre: on se dirige donc, on va donc heurter, nécessairement et fatalement, contre cet écueil, cet inutile néant de destruction, si généralement redouté, d'une ou de deux de ces dominations sans limite, sans contrepoids et sans garantie, dont tout le bénéfice politique et social, je peux dire fatal, — parce qu'on n'a pas d'autre moyen, — est de faire, qu'il y ait de plus en plus de monde tué, pour qu'il y ait de plus en plus de monde qui vive.

Ou plutôt, qui ne vive pas, — car c'est comme un cercle non de fer, mais d'enfer, le tournant d'une humanité borgne, — ce qui rend, comme nous l'avons démontré, le sacrifice aussi inutile qu'inhumain, et aussi nul, au fond, qu'il est impitoyable.

Voilà donc le cran, l'étau international.

***

C'est donc, dans ce cas, que l'intérêt de l'humanité se trouve d'accord avec le plus pur patriotisme, — fanatisme hier, patriotisme aujourd'hui, — car c'est pour conjurer, éloigner ou atténuer ce monstrueux écart, — sorte de Moloch individuel ou collectif, — que chacun, chaque nation, a l'impérieux devoir de s'efforcer de gagner, plutôt que perdre, de conquérir, plutôt que d'être conquis, et d'être vainqueur plutôt que vaincu.

***

Alors, en effet, grâce à ce patriotisme, à cet intérêt de l'humanité le mieux entendu, s'établit un certain équilibre, une tenue en respect des nationalités, les unes vis-à-vis des autres.

Les traités se font, les rapprochements, les alliances.

Et comme la seule monnaie des nationalités, de la guerre et de la paix, est le sang, — le prix du sang, — les traités, les alliances ne sont pas autre chose que des essais de compensations entre l'or, le territoire, la population qui représentent la vie et les soldats, — c'est-à-dire cette monnaie courante internationale de sang, — monnaie de moins-value et d'un déclin de plus en plus grand de civilisation.

**
**

Mais ce qui augmente encore, ce semble, cette moins-value et cette dépression générale, c'est que tout le monde sait, est convaincu à l'avance, que l'écart, que le différent ou la différence existe, et que cet écart doit même exister, avancer et gagner;

Et que la bataille n'y peut absolument rien, sinon de dire, en faveur de qui, il se produira.

Et cela, nous le répétons, — tels que les États sont constitués, — sans profit aucun et sans issue possible pour l'humanité prise ainsi et asservie dans sa propre destruction.

Voilà donc, au point de vue de la Valeur, le compte général et courant, de nos pertes et de nos bénéfices.

Et voilà, en même temps, où peut et doit aboutir, dans ce cas de moins-value, tout le travail humain ou plutôt surhumain de nos relations extérieures, — dans son effort et à cause même de cet effort, — pour ajourner et atténuer ce résultat de néant, cet écart dans des prix et des sacrifices qui deviennent de plus en plus considérables parce qu'ils sont de plus en plus inutiles et toujours plus contestables et contestés.

— Si nous réglions le tout par l'arbitrage? dira l'un.

— L'arbitrage, c'est la guerre à terme; et le terme ici,

et surtout ici, se paie toujours beaucoup plus cher que le comptant.

— Le désarmement?

— C'est supposer le problème résolu, un changement de rapport ainsi que de monnaie, pour la politique internationale, ce qui revient à dire, être autre chose que ce qu'on est.

***

Ajoutez que, dans un monde, aujourd'hui, encore plus économique que politique, où la guerre et la contradiction deviennent, de plus en plus, tout autant et même plus économiques que politiques; cette économie défait, de son côté, ce que la politique fait et combine du sien.

C'est l'or, en effet, qui est la vie et la population, c'est-à-dire, le soldat, et c'est l'or, ou ce qu'il figure, qui produit l'or.

Sa quantité étant la même dans un temps donné, ce qui ne se trouve pas dans une poche, se trouve forcément dans l'autre; et, comme c'est l'inégalité qui fait son cours, si c'est 5 d'un côté et 4 de l'autre, par exemple, cet équilibre détruit, transformé en cours ou courant international, deviendra 6, 7 et 8 d'un côté, en même temps que 3, 2 et 1 de l'autre;

Parce que l'un en aura acheté ou *consommé* pour 4 qui lui en auront *produit* ou rapporté 5, et que l'autre en aura acheté ou *consommé* pour 5, qui ne lui en auront *produit* ou rapporté que 4; et 3 pour 4 et 4 pour 3, et ainsi de suite; — car ce ne sont, ici, ni les équivalents d'échange inégaux, ni les contre-parties qui manquent.

Mais — et c'est ici, le point sensible — ce rapport d'inégalité se traduira, nécessairement, en une armée ou force de 6, 7 et 8 d'un côté, pendant qu'elle deviendra de 3, 2 et 1 de l'autre.

*_**

Et alors? — Comment, dans ce cas, et au moyen de
quels traités, combinaisons et armements, empêcher ou
modifier cet écart, cette bataille économique, déjà gagnée,
comme prélude, et qui se livre et se gagne tous les jours?

Et qui est, comme on dit, le nerf même de la guerre
et de toutes les autres batailles, — qui lui emboîtent le pas,
ici, de plus en plus, — à moins d'arrêter tout mouvement,
toute vie internationale;

Car, n'est-ce pas cette inégalité, cette différence, je
pourrais même dire cette menace, qui sont, qui constituent,
toute sa vie et toute sa raison d'être?

Et, j'ajoute, qui, présentées ainsi, forcent nécessairement le remède et la solution.

*_**

Dans un champ clos et territoire mesuré, vous n'avez,
pour payer cette différence de durée et de vie des nations,
que l'or et le sang, et vous avez armé Vorax et Rapax
d'un outil et d'un fusil; il est naturel que si l'un ne paie
pas, ce soit l'autre qui paie, et que cette logique de mort
qui, politiquement et économiquement, doit avoir son
compte, — pour qu'une moitié ou partie seulement de
monde vive, — prenne à la faim ce qui manque au sang,
et au sang ce qui manque à la faim.

Attendu que c'est toujours notre même problème politique et social, mais qui est devenu international et universel, c'est-à-dire, plus menaçant et plus impitoyable, — que
personne, même théoriquement, n'a su résoudre.

Il creuse donc et creuse toujours ce même abîme ouvert
et béant devant les nations, comme une tranchée, un fossé
de plus en plus grand et de plus en plus infranchissable,—

parce qu'il se compose — répétons-le — de deux termes absolument inconciliables et insolubles, ce qui veut dire, logiquement, implacables.

C'est l'effet fatal, et forcé par la force, — juste et comme le châtiment mérité d'une dépression voulue dans notre organisation européenne de moins-value, de plus en plus grande ; — avec un écart, pour le redire, de plus en plus considérable entre ce qu'elle coûte et coûtera de sacrifices et sa valeur, — valeur donc décroissant de ce fait de plus en plus.

— Voyons, maintenant, le remède et comment nous pourrons nous tirer de là.

III

Égalité et Liberté.

—

Plus-value.

Comme la Valeur est une, on peut dire que la Valeur d'organisation européenne, en ce qui la concerne, consiste dans un devoir international de liberté, d'égalité, de progrès et de conservation.

Et comme moyen de vivre et d'évaluation, que tout peuple, tout groupe, toute nationalité, de même que l'Homme lui-même, doit être produit ou formé, évalué ou prisé, choisi ou préféré, et utilisé dans ce même but international de liberté, d'égalité, de conservation et de progrès ou devoir de plus-value.

C'est notre même cercle de Valeur devenu international et universel et décrit toujours, par cette Valeur même.

**

Ce qui veut dire que toute égalité ou justice internationale, comme toute liberté, doit faire que toute nation, de même que tout groupe ou tout individu, libre de son point de départ, reçoive en plus-value individuelle, collective ou nationale, l'équivalent en or, population et territoire, de ce qu'il donne lui-même à cette plus-value européenne.

* * *

La formule devient: Acquérir et non plus conquérir.

Ces acquisitions et entreprises comprennent naturellement tout ce qui est du concert, domaine et ressort international et européen.

Autrement dit, des entreprises ou affaires communes et internationales de spéculation, de commerce, de production et de consommation.

* * *

Et, en ce qui concerne le territoire, qui est le point capital et le plus important;

Acquérir donc n'importe quelle partie de ce territoire mobilisée et entrée dans la circulation ou transformation générale; — acquisition voulue, consentie par un, plusieurs, tous, et choisie comme point de départ d'activité internationale;

Et obtenue dans ce cours et circulation générale, en échange d'un équivalent de plus-value juste;

Et employée à reproduire une amélioration de plus en plus grande, d'acquisition ou d'échange territorial, si besoin est, comme choix de point de départ.

Un cercle ou cours de valeurs européennes, dont la plus-value capitalisée peut former ainsi le fonds de spéculation, c'est-à-dire, d'avance et d'avenir de la civilisation.

Et le tout encore ici, pour plus de valeur, de satisfaction et de réussite, comme le résultat d'un devoir rempli.

***

Tel est notre monde ou Valeur nouvelle de Droit européen, avec son point de départ et d'arrivée ou solution de liberté et d'égalité, ce qui fait sa plus-value sur un monde ou concert européen de progrès, de conquête et de sa conservation.

***

Ce qui veut dire encore, que les capitales ou points de départ de conquête et de défense ou de conservation, pourront, non seulement devenir, au point de vue politique, des capitales ou points de départ de liberté et d'égalité; mais encore, au point de vue économique, et comme moyen d'existence et d'évaluation, — non plus en sang, mais en or, — des capitales, ou points de départ de spéculation, de commerce, de production ou reproduction.

Car c'est là notre solution.

***

Alopex reprend : « Comment voulez-vous que des capitales ou points de départ de conquête, qui ont mis des siècles pour le devenir, s'en accroître, en vivre et y trouver gloire et fortune, puissent se transformer en points de départ de liberté et de spéculation; et comment leur situation de places de guerre s'y prêterait-elle?

— J'avoue qu'il faudrait plus de quelques semaines.

— Mais quel moyen encore?...

— Le même. — De ne rechercher, priser et estimer les choses et les Hommes que, pour leur Valeur et utilité véritables et de ne les payer et de ne vouloir les payer que ce qu'ils valent réellement, c'est-à-dire, à leur juste prix.

*_**

— Mais vous oubliez le point essentiel, c'est que nous ne sommes pas les plus forts.

— Il ne s'agit pas seulement d'être les plus forts, mais de rester, de demeurer les plus forts, car c'est toujours dans cette durée qu'est l'avenir de la société.

*_**

La famille, la religion, la propriété, ont pu faire, dans l'ancien Droit européen, concurremment avec les armes, que le faible soit devenu le plus fort, mais elles n'ont pu faire qu'il soit resté le plus fort.

*_**

Le Droit, l'Honnêteté, la Valeur peuvent faire, concurremment avec les armes, que le faible devienne le plus fort et qu'il reste le plus fort, parce qu'ils contiennent une plus-value qui est l'absence de contradiction.

Et cela, avec d'autant plus de fondement, que les armées ont toujours suivi le mouvement ou Raisonnement général, attendu qu'en bonne règle, elles obéissent et ne commandent pas.

*_**

Le nouveau Droit européen ou Valeur européenne est dans la volonté ou dans ce devoir de la Volonté. Il ne saurait donc exister si on ne le veut pas et sans une Volonté ou opinion juridique européenne fortement organisée.

Son organisation et ses organes sont les Corps politiques.

***

Plus les Corps politiques européens de progrès et de conservation deviendront des Corps politiques de liberté et d'égalité, plus la paix, qui est la plus-value européenne, sera assurée, parce que le conflit ou la guerre, qui existe dans les premiers, n'existe pas dans les seconds.

***

La politique extérieure n'est que le même cercle de Droit et de plus-value, qui existe dans l'intérieur de chaque État. C'est donc un cercle extérieur et parallèle qui doit aller en s'étendant et s'élargissant, et qui, au lieu de diminuer ou menacer ceux des États particuliers, ne doit faire, au contraire, que les aider et renforcer, garantissant, de plus en plus, à chacun d'eux, sa liberté et son autonomie.

CHAPITRE VI

POPULATION

Misère me dit : Je me suis marié et j'ai deux enfants; le fonds de subsistances n'est que pour trois : un de nous est de trop; il faut donc qu'il meure.

— Ce n'est pas l'excès de la population sur le fonds de subsistances qui cause votre misère et la mort, car la puissance de production du monde et de l'univers est infinie et sans bornes.

Mais tant vaut l'Homme, tant vaut la terre, et c'est la Valeur humaine qui fait la Valeur de l'univers.

Si donc, au lieu d'enfermer vos territoires et vos populations, quelles que soient leurs quantités, dans un cercle de mort, où il faut que l'un meure pour que l'autre vive, avec la faim ou le sang versé pour faire l'appoint, vous les enfermez dans un cercle de vie, je veux dire de Droit, d'Honnêteté et de Valeur, et que ce soit leur évaluation en or, qui en règle l'échange et la distribution, ainsi que le placement et déplacement de vos populations et de leurs capitales, elles pourront s'y multiplier à l'infini et sans jamais le remplir.

***

En résumé :
Si la contradiction dans l'ordre politique et social engendre la guerre et la misère; et, si cette contradiction est le dualisme :
Conquête et conservation ;
Production et consommation;
Qu'on ajoute aux deux premiers termes, comme plus-value :
L'égalité et la liberté;
Aux deux seconds :
La spéculation et le commerce ou équivalence ;
Et qu'ils se règlent par notre définition ; le dualisme et la contradiction n'existant plus, la guerre et la misère devront disparaître. — *Sublata causa, tollitur effectus.*

***

Le monde exempt de guerre et de contradiction est un monde de Droit, d'Honnêteté et de Valeur dont nous avons donné la formule ou programme de gouvernement ou Raisonnement.

8

Et cette formule ou cercle de vie universelle devra prendre nécessairement aux éléments dont elle se compose, ainsi qu'à l'univers produit et créé perpétuellement à son image et ressemblance, tout ce qu'il lui faut pour son entretien. Car il est contradictoire que la vie engendre autre chose que la vie.

***

Et pour finir, résumer, bien établir et préciser, en quelques mots, notre démonstration, c'est Dernier-râle qui me dit :

— J'avais trois enfants; deux sont morts. C'est la misère qui m'a enlevé l'un et la guerre l'autre.

Pourrai-je, par l'application de votre plus-value sociale, conserver le troisième?

— Je le crois.

— Votre plus-value est l'égalité et la liberté ajoutées au progrès et à la conservation; et vous dites que c'est le manque ou l'oubli de ces grands principes de notre immortelle Révolution qui sont la cause de la mort de mes deux enfants (1).

— C'est ma conviction.

— Le démontreriez-vous, en très peu de mots, de même que la conservation de mon fils par leur application?

— Si vous n'avez que deux termes de production et de consommation, sans règle d'égalité ou mesure;

Que l'or ou l'avoir social soit de 7 par exemple, à un moment donné, et qu'il y en ait 3 d'un côté ou dans une poche, il faudra nécessairement qu'il y en ait 4 dans l'autre.

(1) L'ignorance, l'oubli ou le mépris des droits de l'homme sont les seules causes des malheurs publics et de la corruption des gouvernements.

(Constitution de 1791.)

Mais pourquoi et comment ce passage ou partage?

Parce que l'un, pour le redire une dernière fois, aura consommé, économisé ou acheté 3, pour produire ou vendre 4, et que l'autre aura dû dépenser ou acheter 4 pour ne produire ou vendre que 3.

L'un perd donc, dans ce cas, nécessairement, ce que l'autre gagne.

Et que l'écart — notre seul rapport d'existence sociale — continue avec son même jeu et rapport de prétendus équivalents et de contre-parties, on doit arriver ainsi, forcément, à la ruine et misère d'un côté, et à la fortune de l'autre.

Voilà pourquoi ton premier enfant est mort de misère.

Manque donc ou oubli social d'un des premiers droits de l'Homme ou du principe de mesure ou d'égalité.

— Que le même écart, manque d'équilibre et de mesure internationale de gain et de perte, de victoire et de défaite, existe dans les vies humaines et les territoires, et que ce soit le prix du sang qui règle le même système contradictoire d'économie et de dépense;

Il faudra, en fin de compte et suivant ces mêmes proportions, que si un côté, en fait d'hommes, de territoires et de sacrifices, a consommé ou dépensé, comme 3, pour gagner ou conquérir 4, l'autre côté, ait perdu ou dépensé 4, pour n'avoir plus que, comme 3.

Que cet écart de bataille ou de contradiction — notre seul et unique rapport d'existence internationale — continue, et que le flot de la population augmente toujours, il y aura nécessairement, de plus en plus, de monde tué d'un côté, pour qu'il y ait, de plus en plus, de monde qui vive de l'autre.

Oubli donc encore ici, et oubli voulu, des droits imprescriptibles de l'Homme ou des principes d'égalité et de liberté.

Voilà donc pourquoi ton second fils a été tué.

— Je ne sais pas si vous dites vrai et si vous raisonnez juste, mais ce que je sais trop, c'est que j'ai perdu mes deux enfants, et que toute ma vie, toute mon existence tient à la conservation du troisième.

***

Je poursuis donc :

Avec l'égalité ou la mesure, la formule sociale de nos rapports devient :

Deux quantités égales à une troisième sont égales entre elles. — Cette troisième, c'est le commerce, tel que nous l'avons défini.

Que la spéculation maintienne ces rapports de mesure, dans de justes proportions, les classe, coordonne ou *pré*ordonne et distribue, en demandes payantes, ou besoins réglés, équivalant, évalués à leurs produits, — *ré*employés à entretenir ce même cercle d'activité sociale, — et qu'actionné, de concert, par le Droit et l'Honnêteté, ce même cercle se continue, constitue et reproduise, de plus en plus, ou plutôt de mieux en mieux, avec cette même mesure de régularité et de plus-value.

Ce ne seront plus, socialement, dans ce cas, des résultats, des productions de plus ou de moins, de perte et de gain, mais d'équivalence et de juste mesure, qui se produiront et reproduiront.

La formule ne sera donc plus celle de l'inégalité, ou : Je m'enrichis parce que tu te ruines ; mais celle de l'égalité : Je m'enrichis parce que tu t'enrichis — suivant mérite, bien entendu.

Voilà pourquoi ton fils, placé dans ce cercle de Valeur, d'Honnêteté et de Droit, et y prenant part ou point de départ, devra certainement ne pas mourir de faim, mais bien plutôt vivre dans l'aisance et la prospérité.

— Mais la guerre ?...

— Reste, en effet, cette menace de nos contradictions extérieures, dont la solution est dans le même cercle de plus-value, appliqué à nos relations et volontés internationales et décrit par la Valeur européenne.

Cette plus-value ou nouveau Droit européen est dans la Volonté européenne, telle que nous l'avons raisonnée et formulée, Devoir ou Volonté de Droit, d'Honnêteté et de Valeur.

Elle doit faire, nécessairement, que les milliards d'avances ou de dépenses réglées et coordonnées, consenties et payées, aujourd'hui, par la conquête et sa conservation, — où l'un périt pour que l'autre vive, — soient dans l'avenir, — leur existence admise — réglées et coordonnées, consenties et payées par la Liberté et l'Égalité.

De façon que l'un — par cette même mesure d'égalité et de réciprocité, dominante et voulue — ne puisse grandir et se conserver, sans que l'autre grandisse et se conserve, — suivant mérite toujours ou apport international de liberté et d'égalité.

Car de même qu'il y a les biens, l'avoir, les produits — produits malsains et destructeurs — de la force, de la conquête et de sa conservation, il y a aussi les biens, l'avoir, les produits — produits profitables et sains — du Droit, de l'Égalité et de la Liberté.

Or, ces produits nous les avons nettement évalués, définis et raisonnés.

Chacun peut donc, par son vote, s'il le veut, en régler l'échange, le retour et la plus-value, en les évaluant et payant en or et en distinctions, tout aussi bien et mieux, qu'il évalue, aujourd'hui, parce qu'il y consent, et qu'il paie en or, territoire et distinctions, les produits de la conquête et de sa conservation, qui sont ceux de la destruction.

En deux mots donc, et pour finir, si l'esprit de conquête et de sa conservation ont, jusqu'ici, ensanglanté le monde, et en ont fait un champ de mort, il appartient aux admirables principes de la Révolution française, mieux compris et pratiqués, d'y apporter la paix et d'en faire un champ de vie et de prospérité.

Voilà pourquoi ou par quel moyen, — *hoc signo*, tu conserveras, dans l'avenir, ton troisième fils.

Et tu le vois, en outre, tout dépend ici de toi-même et de tes concitoyens, de la valeur de ton vote ou de ta Volonté.

CHAPITRE VII

ENSEIGNEMENT

L'instruction publique suit le courant politique et chaque courant et contre-courant a son instruction et direction.

***

Tourne-à-gauche, dans son temps, a fait et dû faire sa loi scolaire, et la première chose qu'a faite Tourne-à-droite, son élève, a été de le renier et de le rejeter, par dessus bord.

***

Tourne-à-droite a fait, à son tour, sa loi scolaire, et la première chose qu'a faite Tourne-à-gauche, son élève, a été de le renier et de le rejeter, par dessus bord.

*_**

Aujourd'hui, Tourne ou Retourne-à-gauche fait ou refait sa loi scolaire, et la première chose que fait Tourne-mal, son élève socialiste, est de le renier, lui cracher dessus et le rejeter, par dessus bord.

*_**

Quel bel enseignement public nous avons là ! s'écrie Margoulin, un de nos *artistes* les plus scolaires ; et comme les élèves suivent bien les leçons de leurs maîtres !

*_**

Aussi, quand Merluchon, un autre *artiste* de gouvernement, parle de sa loi scolaire, ouvre-t-il la bouche, grande comme celle d'un poisson de mer, en signe de contentement.

*_**

C'est donc toujours ici, comme en toute moins-value, le pour et le contre, Babord et Tribord, et, comme méthode, l'induction et la déduction.

*_**

L'induction est le passage du connu à l'inconnu, de ce qu'on a, à ce qu'on n'a pas ; mais, comment jamais le Droit, l'Honnêteté, la Valeur, pourraient-ils être pour un peuple ce qu'on n'a pas ?

*_**

On sert à Pitance, l'instituteur, une bouteille de vin.

L'étiquette porte : gratuite, laïque et obligatoire. Pitance dit : L'important pour moi, c'est le contenu de la bouteille.

* * *

Babord est un grand professeur; il est pour l'induction; on monte et on descend, quand on est logique.

L'Église, qui plane au dessus, et enseigne aussi, est pour la déduction : on descend et on monte.

* * *

Et remonte... c'est une porte.

Que demain la République tombe; elle dira à ses fidèles : « Je ne vous ai pas dit : Soyez républicains plutôt qu'autre chose; je vous ai dit : Arrangez-vous. »

— Toute sa méthode, depuis qu'elle existe, — fin, mais maigre de valeur et de moralité.

* * *

Quand elle remonte, elle laisse en bas, son professeur Tribord, grand aussi, — mais l'antidote et la contre-partie de Babord. L'un part du pied droit, l'autre donc du pied gauche; et, pour bien marquer et faire sentir cette opposition à leurs élèves, ils se houspillent et ils se prendraient même aux cheveux, mais pour la plupart ils n'en ont pas.

* * *

C'est cette malheureuse France coupée en deux, que Corne-à-droite, le conservateur, appelle la liberté du père de famille.

* * *

— Mais, d'où vient donc le mal? reprend Pitance, bon garçon, seulement mal élevé.

— Eh! tu l'as dit, mon pauvre Pitance : c'est le contenu de la bouteille.

— Mais elle contient donc du vin du Rhin, d'Italie ou d'Espagne?

— Oui, pas français, dans tous les cas, et, de plus, piqué et altéré.

**.

Après ça, comme, aussi bien d'un côté que de l'autre, ils sont fort maigrement rétribués, ce sont encore eux, qui, vu le mérite de leur marchandise ou enseignement, nous donnent, aujourd'hui, cet exemple d'un moindre écart entre la valeur et le prix.

**.

La plupart des crimes et des désordres, dans une société, proviennent d'un enseignement public contradictoire.

**.

Il n'y a qu'un enseignement public : celui du Droit, de la Moralité et de la Valeur.

**.

Au lieu d'induction et de déduction, méthodes et formules contradictoires, disons : point de départ et d'arrivée, et unité générale et universelle de solution (1).

___

(1) Voici un aperçu de notre formule d'organisation générale.

C'est l'unité de solution ou de direction que nous exposons dans nos précédentes publications politiques.

— On distingue quatre causes :
La première est l'essence (être — *rapport statique*);
Le seconde, le sujet (un — *rapport égal*);
La troisième, le mouvement (*rapport logique ou dynamique*);

**

Le meilleur enseignement public est, pour ceux qui
enseignent et gouvernent, de donner le bon exemple.

CHAPITRE VIII

PRESSE

Il faut, à certains moments, comme pour les vieux
fonds de magasins, que les restes d'idées, rognures et
retaillons de vieux partis d'une société, s'écoulent pour
que cette société se renouvelle.

Le journalisme est ce service public d'écoulement.

La quatrième, le bien, but de toute production (*rapport de tendance, de
choix*).

ARISTOTE. (*Métaphysique*, liv. I.)

— Rapport des idées :
À elles-mêmes ;
À une ou chaque chose (*rapport égal*) ;
À plusieurs (*rapport progressif*) ;
À toutes, totalité (*rapport statique*).

PLATON. (*Parménide*.)

— Principe des proportions, clef de voûte de la chimie.

ROBIN et VERDEIL. (*Chimie atomique*.)

— Haine — répulsion.
Amour, — attraction de la molécule.

HAECKEL. (*Soc. phil. Berlin*.)

— Anatomie : *rapport statique*.
Physiologie : *rapport dynamique*.

AUG. COMTE.

Tissu cellulaire : *rapp. égal*.

BICHAT.

Sélection naturelle : *rapp. libre*.

DARWIN.

***

Quand on peut dire : « Ça ne vaut rien, ç'a été pris dans mon journal », ce n'est pas une preuve que le journal ne vaut rien, c'est une preuve du contraire et que l'écoulement se fait bien.

***

Il ne s'agit pas de penser et de produire, mais de faire passer et d'écouler. Aristote ne va pas, là ; c'est Rigolard.

***

Mon journal dit blanc, celui de mon voisin dit noir, et c'est le même fait et le même sujet. Comment donc ne serions-nous pas, l'un et l'autre, fixés et renseignés?

— Catégories ou notions anciennes, *a priori*, appliquées à la matière :
Qualité.
Quantité.
Relation.
Modalité.

— Quatre éléments :
Eau.
Air.
Feu.
Terre.

        Atomistes. — Empédocle.

— Chaleur : *rapp. statique.*
Lumière : *rapp. dynamique.* (Physique.)

— Participation ou ressemblance des choses aux idées.

        Platon. (*Parménide.*)

— Quand les éléments :
Carbone,
Hydrogène,
Oxygène,
Azote,

***

La plus vulgaire honnêteté veut qu'on mette toujours le pour à côté du contre.

Mais comment Rigolard écrirait-il le pour à côté du contre, s'il n'a jamais su, ni dû savoir, le pour ni le contre ?

***

Il n'y a plus personne qui dise aujourd'hui : Voici un bon et voilà un mauvais journal.

***

Trois *artistes*, de différent calibre, ont entrepris aujourd'hui le peuple. Bec en-avant, le politique ; Pédagogus, le professeur, et Rigolard, le journaliste.

Et, après l'avoir bâté et sanglé avec le suffrage uni-

---

sont une fois organisés, les formes arrêtées qui en résultent ont le pouvoir de persister dans leur état, — elles se conservent à travers des centaines et des milliers d'années.

M. J. MOLESCHOTT. (*Circulation de la vie.*)

— État, — association d'êtres *libres* et *égaux*.   ARISTOTE.

Association { Rapport *progressif*. / Rapport *statistique, conservateur.*

— Liberté ;
Égalité ;
Fraternité ou sociabilité.

(Constitutions françaises, 1792, an III, 1848.)

— Rapport des pouvoirs. — Constitution.
FICHTE.

— Philosophie ou science universelle.
Rap. st. : Ontologie.
Rap. dyn. : Logique.
Rap. ég. : Anthropologie.
Rap. lib. : Politique.

— Dialectique — rassembler, dans un seul point de vue, les objets les plus éloignés.   PLATON. (*République.*)

versel, ils ont dit : De lui, qui n'était qu'une bête de
somme, faisons un souverain et un Homme d'État. Ils en
ont fait une bête d'État.

Mais la palme revient-elle bien à Rigolard?

***

C'est la valeur de la société qui fait la valeur du
journal.

Que demain Rigolard écrive un article de haute portée
et d'une très grande élévation d'idées. Le peuple dira :
Rigolard me trompe, je ne le lirai pas.

***

— Mais, me dit Gousse-d'ail, qui se nourrit de son
journal, son organe, pourriez-vous, pour rester dans
votre sujet, m'évaluer, en monnaie, la part de Rigolard?

— Homme — État en petit.

PLATON. (*République.*)

— Ses quatre vertus achevées sont, avec la définition des anciens :
Prudence : agir comme il faut ou *choix des rapports.*
Justice : (neminem lœde), *rapport égal.*
Force : persévérance, *rapport progressif.*
Tempérance : modération, *rapport conservateur.*

STOÏCIENS.

— Conscience :
Sentir.
Désirer.
Penser.
Vouloir.

M. LE Dr DREHER. (*Soc. phil. Berlin.*)

— Notions de sens commun :
Être.
Pouvoir.
Savoir.
Vouloir.

CAMPANELLA. — TENNEMANN. (*Histoire de la Philosophie.*)

— Rigolard, n'apportant rien au marché général (1), il est juste qu'il n'en retire et reçoive rien — à moins que ce ne soit la part, fort maigre assurément, du chroniqueur, prosateur, annotateur, critiqueur, etc...

Car il n'y a nullement lieu, dans nos conditions, d'encourager et de propager Rigolard.

---

(1) Véritable connaissance est conscience de l'économie universelle.

HÉRACLITE.

— Un tout articulé.   KANT.

LIVRE CINQUIÈME

POLITIQUE

CHAPITRE PREMIER
LIBERTÉ ET ÉGALITÉ

I

Plus-value.

Une génération succède à une autre dans la vie politique. Celle qui s'en va pourrait dire à celle qui vient :

Je t'ai donné le Progrès et la Conservation ; rends-en l'équivalent en Liberté et en Égalité et tu n'auras fait que ton devoir et payé ta dette.

***

Et c'est ce devoir rempli, cette dette payée, qui aura accru l'héritage social et augmenté sa plus-value. Œuvre donc de Droit, de Moralité et de Valeur.

Et c'est à ce fonds de plus-value toujours accru que doit

se mesurer la Valeur politique de véritables Hommes
d'État.

⁂

Voyons encore à l'œuvre, comme exemple, quelques-
uns de nos *artistes* de gouvernement, — nommés ou
employés et renommés si souvent, ou ré-employés dans
cette continuation et reprise, de plus en plus forte, de
contradiction et de luttes politiques et sociales, — un travail sous lequel, *intra* et *extra*, tout croule et s'effondre
partout, et qui en arrive à un écart aussi formidable que
ruineux entre sa valeur et son prix.

II

Moins-value.

Je demande à Face-à-droite, un de nos *artistes* ministériels, ce qu'il entend par liberté gouvernementale; il me
répond : Je suis responsable, donc je dois être libre.

Voilà la liberté, qui, au lieu d'un principe ou d'un point
de départ, devient une conséquence.

⁂

Je demande à Face-à-gauche, un autre *artiste* ministé-
riel, ce qu'il entend par égalité : C'est, dit-il, l'égalité des
moyens pour arriver au pouvoir; — un pouvoir que Face-
à-droite exercera, dans un sens opposé ou inégal.

C'est donc l'égalité devant l'inégalité, — tout le contraire
de ce qui devrait être.

⁂

Cale-basse et Tripoli, deux de nos *artistes* de gouvernement, sont, eux, pour l'économie, au moyen de la

réduction dans les traitements. Mais qu'on réduise tant
qu'on voudra celui de ces deux derniers types ministériels,
on aura toujours un exemple d'écart considérable entre
la valeur et le prix. Et, il semble, qu'encore ici, ce n'est
ni le *plus* et le *moins*, qu'on doit surtout chercher, mais
une équivalence et une égalité, entre la récompense et le
service rendu, comme bon exemple d'abord, et, ensuite,
comme un des meilleurs éléments de justice et de prospérité.

* * *

Un habit terne, pâle, de couleur toujours mal définie
et qui ne se teinte que suivant le côté du vent ou du
soleil, vaut beaucoup mieux en politique d'art qu'un
habit de couleur tranchée, parce qu'il vous permet de
croiser et tramer avec toutes les nuances ; c'est l'habit de
Coupe-atout, l'opportuniste, un *artiste* qui est de tous les
partis, de toutes les combinaisons, de tous les gouvernements.

* * *

Dans ces teintes d'*artistes* nous relevons Girotin, qui
n'a changé que quatorze fois d'opinion et qui n'est plus
que de sept partis.

Il vient, en conséquence, d'être nommé sénateur et il
fait sa malle. « N'oublie donc rien, lui dit sa femme :
toutes tes vestes, ton encas... — Je n'oublie rien », dit
Girotin. Arrivé au Sénat, il défait sa malle : « Ah !
saperlotte ! s'écrie-t-il, j'ai oublié les principes d'Égalité
et de Liberté de la Révolution française. »

* * *

On est quelquefois obligé de prendre un ton moins
sérieux pour se faire lire de ceux qui ne le sont pas, et
même de ceux qui le sont.

*_**

C'est donc, maintenant, Mèche-en-avant, le républicain démocrate, qui a promis à Boit-sans-soif, son électeur, de gouverner suivant ces mêmes principes d'Égalité et de Liberté de la Révolution française, qu'il ne comprend pas, et gouverne, suivant ceux de progrès et de conservation de la monarchie, qu'il ne comprend pas davantage; et puis, il revient devant Boit-sans-soif pour lui rendre compte de son opération. Boit-sans-soif, qui se croit en démocratie, ne manque jamais de le renommer.

*_**

C'est encore Casque-à-gauche, le progressiste, qui commence par faire de la politique, avec ceux qui n'ont rien, et qui finit par en faire avec ceux qui possèdent; il devient conservateur.

Pendant que sa contre-partie, Casque-à-droite, qui commence par la même politique, avec ceux qui possèdent, et qui finit avec ceux qui n'ont rien, devient progressiste.

L'ambition n'est là absolument pour rien : c'est le mouvement qui veut ça.

*_**

On peut même aller, en fait d'*artistes* démocratiques, jusqu'à Pétardier qui dira : J'ai manqué mon coup, j'aurais dû casser la figure à un représentant de l'autorité, et on m'aurait nommé député.

*_**

—Mais comment voulez-vous, m'objecte Coquillard, que moi, simple républicain et peuple, qui n'ai reçu qu'une instruction gratuite, laïque et obligatoire, j'aille reconnaître si Tortillon, mon député, est un *artiste* ou un homme de valeur ?

— Dis-lui : Reste chez toi ; je te paie double ; — et vois s'il reprend le chemin de sa maison.

III

En politique de contradiction et de moins-value, les partis ne vivent qu'aux dépens et de la mort les uns des autres. Il faut que l'un tombe et périsse pour que l'autre vive et se relève.

Et c'est pour cela, et par la même conséquence, qu'en économie politique, il faut également que l'un soit tué et ruiné pour que l'autre vive et s'enrichisse.

* * *

On peut dire, tout aussi bien, que c'est, par la même raison, que Triboulet l'emporte sur Aristote en politique, que la pacotille et le mal fait l'emportent sur le fini et le bien fait, en économie politique.

Même point de départ, même logique et même entendement.

* * *

Dans un gouvernement de Valeur, on ne doit jamais pouvoir dire : Je monte parce que tu descends, et je m'enrichis parce que tu te ruines.

Mais : Je m'enrichis et je m'élève, parce que tu t'enrichis et tu t'élèves ; attendu que gouverner c'est élever.

***

En gouvernement de moins-value, vous n'avez jamais que des gens pires pour vous débarrasser de gens qui ne valent rien.

***

Et d'ailleurs, ô Guillot! que te sert, comme on te l'a dit cent fois, de te débarrasser de tes brebis galeuses, si tu laisses cette gale de contradiction et de moins-value dans le troupeau?

***

Quand un menteur est habile, beaucoup le nomment parce qu'il est habile; mais il y en a qui le nomment parce qu'il est menteur.

***

Pour Philémon, gouverner, c'est peu gouverner, et même ne pas gouverner du tout, en rendant le gouvernement inutile (1). — Je cite une célébrité.

***

Et, bien au dessus, c'est Cléomaque, qui, un des premiers, a émis et mis au monde cette idée que la concurrence et la contradiction sont nécessaires pour arriver à la vérité et au mieux (2).

---

(1) But du gouvernement est de se rendre inutile. FICHTE.

(2) Le premier principe est le principe de contradiction, d'où résulte toute vérité dans le raisonnement. ARISTOTE.

TENNEMANN. (*Hist. de la Philos.*)

Ses disciples sont devenus nos fondateurs d'État, qui, dans et par cette même idée, ont trouvé gloire et fortune. Et qui, l'appliquant à nos sociétés, ont dû dire et trouver que la vie était un combat.

Une doctrine fausse et perverse, s'il en fut, la cause première et originelle, pour nous, de toutes les servitudes, dégradations et misères humaines.

Il n'est personne, en effet, si ignorant qu'il puisse être, qui ne comprenne que, dans une société de gens à peu près convenables, lutter n'est pas raisonner.

Je veux dire librement et justement raisonner.

Mais voilà le malheur. C'est Crève-de-faim, qu'à défaut de pain, on nourrit, aujourd'hui, avec cette formule et qui, en conséquence, ne rêve et ne doit rêver, que guerre, luttes et destructions sociales.

Une basse misère donc et un péril social à côté de grandes réputations et non moins grandes fortunes. Ce qui constitue, à notre point de vue, le plus grand écart possible entre la valeur d'une doctrine politique et sociale et son prix.

***

Ce qui fait que dans ces sortes de gouvernement ou Raisonnement, les Trotte-en-avant foisonnent et pullulent tant, c'est qu'on est sûr que ceux qui restent derrière seront les premiers dévorés par les loups.

Et, j'entends par loups, comme on peut voir, toutes nos [ménageries politiques et sociales d'antithèses et de contradictions, qui, à défaut de solution, — si on n'admet pas la nôtre, — restent toujours à museler et à résoudre.

**

On peut dire encore, en nous plaçant toujours au point de vue de la Valeur :

Dans une société de moins-value et de contradiction, c'est l'individu, né bon, qui est en lutte contre les éléments contradictoires de cette société, pour ne pas périr, par la faute de cette société.

Tandis que dans une société de valeur et de plus-value, c'est, au contraire, cette société qui lutte, par son organisation, contre l'individu faible, imparfait, ou même mauvais, qui l'améliore, l'empêche et doit l'empêcher toujours ou presque toujours, et de plus en plus, de périr par sa faute.

Différence donc bien tranchée, et dont nous avons donné, exposé et raisonné les différentes formules.

**

Un dernier type de déprimé que j'allais oublier, dans cette galerie de non-valeurs, à cause de son extrême débine politique, c'est ce vieux Nestor, le conservateur monarchiste, — un *artiste* archéologique de gouvernement.

Quand c'était son tour, il a tellement sapé et détruit la Famille, la Religion, la Propriété, qu'il n'en reste plus rien politiquement, et c'est en raison de ces hauts faits de dégâts et de destruction, qu'il s'est pris et a mérité le titre de conservateur.

Il ne sert plus que d'appoint et de monnaie de billon. Quand l'un ou l'autre a besoin de quelques voix, il

l'aborde, — comme il ferait d'un chanteur ambulant :
« J'ai besoin de quelques sous; prête-les-moi; je ne te les
rendrai pas ou je te les rendrai à coups de bâton. » Ce
qui a valu, pour sa part, à Sans-fanal, autre *artiste*, son
surnom de radical.

*_**

En France, on aime à rire, — et il est à remarquer
que nous n'avons jamais eu d'institutions et d'Hommes
aussi solides que ceux dont on a pu rire un peu.

Et Agénor et Idulphe ne sont même pas éloignés,
comme tant d'autres démocrates, de voir là, comme un
signe et une preuve de véritable liberté.

CHAPITRE II

I

Il y a, dans tout pouvoir véritable, certains principes
d'unité et de plus-value qui nous rendent toujours
conservateurs.

*_**

Ce sont les Hommes de Valeur qui font la valeur d'une
démocratie ainsi que de toute société, et ce sont les
Hommes de plus de Valeur qui font sa plus-value.

*_**

Il y a toujours le peuple et le bas peuple; mais dans
une démocratie mal gouvernée ou sans valeur, c'est le
bas peuple, — et toujours plus bas.

Ce plus bas, c'est la populace qui aura toujours faim,
— faim de quelque chose ou de quelqu'un.

**

L'animal qui, en suivant un sentier, s'y est cassé une
jambe, n'y retournera point. Le peuple qui, en suivant
un sentier politique, s'y est cassé une jambe, retournera
s'y casser un bras, et ainsi de suite, jusqu'à ce qu'il n'ait
plus rien à casser ni à faire casser.

**

Ce que voyant, Carottard, Bat-la-dèche et Bourricau,
nos *artistes* démocratiques, n'ont trouvé rien de plus à
propos que de lui dire : Toi qui sais si bien te conduire,
gouverne-toi, toi-même, et sois souverain.

A cette fin et condition, que tu nous prennes, en nous
payant, pour tes serviteurs.

**

En politique de moins-value, faites-vous des adversaires,
et vous ne manquerez pas de partisans et, *vice versa*.

Vous avez le choix du début.

**

Tout y est permis. Un Congrès est une embuscade où
des gens armés en attirent d'autres qui ne le sont pas.

**

Un exemple de moins-value démocratique qui, je crois,
n'est pas inédit, mais que je socialise et démocratise d'un
cran de plus :

Chrysogueule a parlé pendant trois jours devant le peuple assemblé; le quatrième jour, la bataille a été perdue, le peuple et la cité ont été détruits. Chrysogueule, seul, a trouvé le moyen de se sauver.

**

Le pouvoir, dans une démocratie, est toujours la Volonté de ceux qui gouvernent et qui savent gouverner.

**

Ceux qui ne savent ou ne peuvent gouverner, doivent être gouvernés.

**

Il faut qu'il y ait, socialement parlant, des gens qui veuillent pour ceux qui ne veulent pas; qui raisonnent pour ceux qui ne raisonnent pas; et qui paient, pour ceux qui ne paient pas; mais non pas gratuitement; ce qui ne serait pas seulement une injustice, mais serait un manque de reproduction et de plus-value.

II

Une démocratie ne saurait être bien gouvernée quand les partis sont mal distribués et se partagent mal la besogne, c'est-à-dire qu'ils manquent de valeur politique (1).

**

Ceux qui partent d'un point, et passent ainsi, successivement, à un second, à un troisième, à un quatrième, etc.,

---

(1) Éléments mal combinés, cause de ruine pour la République.

ARISTOTE.

s'appellent *partis* et ils le sont, réellement, parce qu'ils ne reviennent jamais à leur point de départ.

Ce sont des *artistes* de gouvernement, sans solution et sans Valeur aucune.

**

Dans le nombre, nous relevons Pampelune, qui est *parti* de la théologie, pour arriver, et, mal arriver, dans la politique; et, qui en est, encore, à confondre une histoire ancienne et traditionnelle, avec un Raisonnement.

Afin de lui régler son compte, au point de vue politique et social, et, en monnaie courante, je lui dis :

2 et 2 ne peuvent faire ni 3 ni 5, parce qu'il y a un manque et un reste.

Or, un manque et un reste ne doivent jamais entrer dans un calcul juste, ni dans un Raisonnement droit et honnête.

C'est donc ce reste ou ce manque qui, dans une volonté et un entendement qui manquent de Valeur, est le mal et l'erreur; un défaut, ou, si vous voulez, une maladie.

Jamais le son des cloches et le bruit des tambours ne sauraient servir de remède; ce sont, au contraire, des frais et un mal de plus; attendu, que le remède véritable est la santé ou le calcul juste : 2 et 2 font 4.

Car, la santé ne serait pas la santé, si elle n'avait pas raison de la maladie, et le calcul juste ne doit pas contenir de reste.

— Mais, vous supposez la santé et le calcul juste, répond Pampelune; et, la maladie et le faux calcul existent.

— Mais vous supposez la maladie et le faux calcul; et, le calcul vrai et la santé existent.

Et de plus, vous vivez du calcul faux, dont la rectification serait votre destruction, dans la même mesure :

Vous devez donc plutôt vivre du calcul juste ou du Juste; et, ne regarder, dans le monde, un manque et un reste, que comme un cas fortuit, un oubli passager, qui, si vous êtes bon calculateur, doit, de moins en moins, se reproduire;

Et ne recevoir, par conséquent, de rétribution sociale, qu'en raison même de ce redressement et de cette rectification, bien et dûment constatés, à votre actif, — prix pour prix, — afin que les bons comptes fassent ici les bons amis. C'est la grâce que je vous souhaite.

III

Frottez maintenant, si vous avez le temps, Pampelune à rebrousse-poil, et vous aurez Vauluisant, son contre-type, aussi *parti* que lui, mais de son antithèse et antipode logique.

C'est, comme qui dirait, la pratique et la théorie, l'idéal et le réel, terre et ciel, ou rêve et réalité.

On disait, il n'y a pas longtemps, le spiritualisme et le matérialisme, et jadis, le temporel et le spirituel. Ils se devaient donc l'un à l'autre. Car c'est, afin de mieux nous arranger, en fait de paysage social et de perspective politique, comme la nuit et le jour, et en fait de direction, la cacophonie ou l'antimicrobisme dans l'entendement, — de vieilles doctrines de non-valeur et de dépression, en disproportion avec le prix qu'elles coûtent, encore.

***

— Moi, dit donc Vauluisant, voici comment je raisonne, comment je *pars*.

Quand j'ai bien dîné et que j'ai le ventre plein, je suis gai et je me porte bien. Quand j'ai mal dîné ou que j'ai le ventre vide, je suis triste et je me porte mal.

Tout ça me monte au cerveau et me donne les idées de gaîté et de tristesse, ainsi que celles de bien et de mal.

Ma volonté, qui se trouve là, préfère naturellement la gaîté à la tristesse, et choisit le bien plutôt que le mal.

Tandis que vous, vous partez de ma volonté et vous me laissez le ventre vide, pendant que ce n'est que quand j'ai le ventre plein, que j'ai de bonnes idées, bon courage et bonne volonté.

— C'est-à-dire que vous dînez toujours, comme, d'ailleurs tous nos économistes — ou si vous aimez mieux, vous partez de votre ventre, et votre politique, comme la leur, — qui manque d'unité, au reste, — est une politique d'appétit.

— Je ne m'en cache pas, de bon appétit. Ils ont d'ailleurs parfaitement raison. Un peuple, à moins de n'être rien, doit être, comme un bon estomac, bien garni et bien réglé.

Voilà ma formule, ou, pour parler comme vous, notre point de départ et d'arrivée et notre solution ; parce que je trouve, avec eux, que c'est quand ou après que j'ai bien dîné et parce que j'ai bien dîné, que je fais de bonne politique. Et, que tout le monde soit comme moi, — et c'est à quoi tend mon programme, — nous ferons et serons tous de même, en fait d'affaires publiques.

***

Le peuple souverain et son bras droit Sac-d'avoine,

le congressiste, qui l'ont entendu, le nomment d'emblée leur député. Je vote même pour lui, faute de mieux.

*_**

Voilà donc, maintenant, Vauluisant devenu Mange-en-bourre, député, un *artiste* pratique de gouvernement.

Je le reconnais et je l'aborde...

— Laissez-moi donc tranquille, avec vos principes d'égalité et de liberté, et toute votre Révolution française. — Vieilles savates que tout cela, mon pauvre ami. — Nous n'irons pas abandonner la réalité pour l'ombre, et des idées qui m'ont fait avoir mon poste, pour d'autres absolument creuses et qui ne serviraient qu'à me l'enlever.

D'ailleurs il n'y a que ça, la pratique, le positif, la fortune, les affaires, les richesses, l'accroissement de la prospérité publique et du bien-être. — C'est avec cette fortune et ces richesses toujours croissantes qu'une nation se paie tout ce qu'il lui faut et des armées formidables pour la protéger. Ce qui est le meilleur moyen, en même temps que le plus sûr, de l'emporter sur les autres, ainsi que d'assurer et de conserver la paix.

*_**

— Je vois qu'au fond, et qu'en fait de contradictions à résoudre, vous ne croyez ni à la guerre ni à la misère.

— Non, ou pas comme vous, très certainement.

Car vous en faites un défaut de la société, et par le fait, une arme d'opposition et de renversement.

Tandis que j'y crois, mais relativement, accidentellement, si vous voulez, car au fond, et, comme organisation de la société, — comme c'est moi qui la fais, je la trouve bonne et je ne crois qu'à la prospérité publique et à son développement, — avec des degrés, bien entendu, un plus ou moins de paix et de prospérité, c'est-à-dire, une paix plus ou moins sûre et des estomacs plus ou moins pleins.

*
* *

Je crains fort que votre prospérité, si tant est qu'elle existe pour tous, avec de pareils fondements, ne se change en ruine.

— Allons donc!

— Mais le monde est rempli de pareils exemples et il n'est formé et jonché que des débris de semblables prospérités, ainsi que de pareilles suprématies nationales.

— Vous voulez que des prospérités qui font l'admiration de l'univers se changent en ruine, et c'est par votre raisonnement?...

— Non, par le vôtre. Ne dites-vous pas qu'en fait de principes, vous ne croyez ni à la guerre, ni à la misère, mais à un plus et à un moins.

— Oui.

— Il y a donc pour vous, ainsi que vous le dites, des estomacs pleins et des estomacs moins pleins.

— Pas autre chose.

— Eh bien! je prétends que c'est mon estomac qui doit être plein et le vôtre moins plein.

— Ah! pour ça non; car je prétends que c'est le mien.

— Il faudra donc qu'il y ait quelque règle ou mesure, armée ou non, pour nous mettre d'accord.

— Soit.

— Et ne nous faudra-t-il pas le vouloir?

— Oui.

— Eh bien, ne voilà-t-il pas, dans cette volonté, la Liberté; et, dans cette mesure, l'Égalité, qui sont devenues ainsi, nos points de départ, plutôt que vos sens et votre appétit qui ne raisonnent pas?

— Tout cela, c'est de la théorie creuse, pour tromper

et duper le monde, bonne pour me renverser, et à laquelle je ne crois pas un mot.

— Mais qui vous parle de vous renverser? Faites de votre induction et de votre prospérité, la preuve, pour le moment, de votre déduction, dont le contenu serait les principes que je viens de dire; et, vous aurez donné ainsi, à votre prospérité publique, en même temps qu'une extension plus grande, des bases sûres et solides. Et, vous conserverez votre poste, et non seulement vous le conserverez, mais vous vous y consoliderez.

— Vous dites que je me consoliderai dans mon poste, et que je le conserverai, par ces moyens.

— Mais certainement.

— Touchez là, mon cher ami; je dois vous avouer que, dans le fond, j'ai toujours pensé comme vous, et que jamais de ma vie, je n'ai eu d'autres idées. Car je ne trouve rien de beau, rien de grand, comme les admirables principes d'égalité et de liberté de la Révolution française.

Voilà donc un *artiste* pratique, si commun aujourd'hui, de gouvernement plus pratique encore, mais qui ne *sera* et ne représentera jamais la Valeur de l'Homme ou de l'Homme d'État.

CHAPITRE III

1

Il n'y a pas d'ingratitude politique, et c'est pour cela, qu'on n'est jamais mieux dévoré que par les siens.

***

Le temps, les circonstances, les cas même qu'on n'a pas prévus et qui sont l'objet de lois ou de mesures spéciales, ne changent absolument rien à la politique du Droit, de l'Honnêteté et de la Valeur, qui est une, fixe et invariable.

***

Ce n'est pas la majorité qui doit faire la Loi, mais la Loi, la majorité.

***

La majorité ne doit point terminer un conflit, un différend qui ne doit pas exister, dans le pouvoir; mais fixer un point de départ.

***

On ne doit changer ceux qui gouvernent que quand cette volonté ou choix de déterminer le point de départ se trouve en dehors d'eux ou de leur volonté, — ce qui, d'ailleurs, dans ce cas, au lieu d'infirmer ou changer, ne fait qu'affirmer et renforcer le gouvernement ou Raisonnement.

***

L'action parlementaire n'est pas une représentation, mais l'acte même de la volonté.

***

Rien n'est compliqué, en politique, comme ce qui paraît le plus simple.

***

Celui qui veut détruire ne demande pas mieux qu'il

n'y ait qu'un pilier à l'édifice ; mais celui qui veut consolider n'est pas fâché qu'il y en ait plusieurs.

II

Dans un mécanisme gouvernemental complet et raisonné, on devrait toujours pouvoir dire quel parti devra gouverner.

**

— C'est bien facile, répond Bascule, le parlementaire, de savoir celui qui doit gouverner.

S'il n'y a que deux partis : un conservateur et un progressiste ; après l'un, doit venir le tour de l'autre, rien que pour les postes et pour le jeu.

**

Pourvu qu'on sache bien ce que c'est que gouverner, toutes les combinaisons sont possibles.

**

S'il faut, pour construire une maison, des maçons, des charpentiers, des serruriers et des couvreurs ; il est nécessaire qu'ils se remplacent, à tour de rôle ; mais ce n'est pas seulement, suivant leur mérite et valeur, mais suivant la maison ou la valeur qu'ils ont à produire.

**

Ce qui donne la solution de cette difficulté, c'est donc la définition.

De même que la volonté se définit par son acte et son mouvement, chaque parti ou partie du tout se définit, par l'ensemble et par ce qu'il doit y apporter de plus-value.

III

Plus-value.

Quand on prend pour point de départ, la volonté, comme premier moteur ou principe, on organise, par le fait, la liberté dans l'entendement politique et la spéculation dans l'économie sociale.

**

Quand on prend la mesure dans la volonté, on organise aussi l'égalité dans l'entendement politique et le commerce, dans l'économie sociale.

**

Quand on prend le progrès ou le mouvement, dans la volonté directrice, on organise le progrès ou le mieux, dans la politique, et la production ou plus-value, dans l'économie sociale.

**

Quand on prend pour point de départ l'arrêt ou fixité dans la volonté, on organise la conservation dans l'entendement, et la consommation dans l'économie sociale.

C'est-à-dire, la continuation, l'unité et la durée de chacun de ces termes, et c'est ainsi que la société progresse et se renouvelle, en plus-value politique et sociale.

***

Mais si le progrès et la conservation sont notre cercle de Valeur en mouvement et notre même cercle qui se conserve et se continue, il faut donc qu'il soit formé avant de progresser. C'est donc par la Liberté et l'Égalité qu'on doit commencer, et en premier lieu, par la Liberté, comme point de départ.

***

Chacun des termes de la Volonté doit revenir à son point de départ, comme solution ; comme dans un Homme bien constitué, tout part de la volonté et passe par l'entendement et les mouvements du corps, et recommence, de mieux en mieux, la même opération.

***

Il suffit d'être dans un des termes ou points du parcours, du mouvement ou gouvernement général, pour participer au gouvernement ou Raisonnement tout entier.

Il suffit d'en sortir ou de se trouver en dehors pour tomber dans la contradiction, la misère et la ruine.

***

Quand les peuples ou groupes nationaux peuvent servir, à tour de rôle, de points de départ à l'Europe et au monde, avec une plus-value, le gouvernement de l'Europe et du monde est celui de la Liberté et de l'Égalité, conformément aux principes de la Révolution française.

Et c'est ce qui fait la Valeur européenne, qui doit aller toujours croissant, pour qu'elle ait de la valeur et plus-value.

IV

Vous devriez préciser, me dit Vermillon, un honnête républicain, et pour conclure et revenir à notre point de départ de la Valeur et du prix, me faire comprendre, en quelques mots, comment et combien doit être payé, pour l'être à sa valeur, un Homme d'État?

Valeur de l'Homme d'État veut dire valeur d'État ou d'organisation des volontés, qui a pour prix, la satisfaction qu'elle procure.

— Satisfaction donc pour satisfaction et estime pour estime ou réciprocité de plus-value;

Au lieu d'œil pour œil et de dent pour dent, ou réciprocité de guerre et de dépression;

Telle est la nouvelle formule de récompense ou du prix de la valeur d'un Homme d'État, et vous la reconnaîtrez à ce signe.

Mais, mesurée en or?

— Et, en appropriation de biens, fortune et objets matériels, afin que la valeur qu'il représente tienne son rang et se renouvelle, il doit recevoir une part, qui soit en rapport avec ce qu'il apporte lui-même politiquement, à l'adaptation et appropriation de l'univers et des objets matériels à cette même valeur d'État ou d'organisation des volontés, — dans un but ou devoir toujours de plus-value et de satisfaction de plus en plus grande.

***

Et pour en finir, avec ce terme de Valeur, si complètement méconnu, ignoré et foulé aux pieds, — ce qui engen-

dre et produit toutes nos guerres, misères, dissensions
et mécomptes, je conclus en disant :

De même qu'il y a une raison ou un Raisonnement
d'État, il y a une Valeur d'État, la seule, une et universelle. Elle est dans la volonté générale, c'est-à-dire,
devenue la même pour tous, sauf dans le choix du point
de départ. C'est donc le vote raisonné, organisé ou socialisé.

*
* *

Et rien ne vaut, en fait d'existence ou de propriété
matérielle, soit individuelle, soit collective, que par cette
même Valeur d'ordre ou d'organisation générale.

Car, l'univers et tout ce qu'il renferme, Hommes et
choses, ne peuvent avoir de prix, d'évaluation, que par
une comparaison, un rapport, une relation, et ils ne
peuvent être rapportés, reliés et comparés qu'à cette même
Valeur, apparente, réelle, personnifiée ou socialisée,
— cette Valeur qui est celle de la société elle-même, —
Valeur politique et.sociale (1).

Pour l'Homme d'État, en effet, le travailleur ou un objet
quelconque, être socialisé ou faire partie d'une société,
veut dire : être jugé, estimé et évalué publiquement.

Telle est donc la Valeur, dont nous avons donné,
d'ailleurs, et raisonné suffisamment la formule.

V

Nous avons eu une grande, une très grande Monarchie.
Aurons-nous une grande, une très grande République?
Voilà toute la question; en attendant, nous en avons
toujours une petite.

---

(1) L'individu n'a de valeur que par l'État.   HEGEL. (Ahrens.)

Mais veux-tu la rendre grande, Ernestin, prends exemple sur la monarchie. — Tu ris?

La Famille, la Religion, la Propriété étaient ses trois grandes bases de Valeur d'organisation.

Or, rien n'encadre et n'organise mieux la Volonté que la Famille.

Rien n'encadre et n'organise mieux la Moralité que la Religion.

Rien n'organise mieux la Valeur économique que la Propriété.

Trouve donc trois éléments ou cadres aussi puissants dans la République pour y encadrer et organiser le Droit, la Moralité, la Valeur.

***

Je t'ai donné les Corps politiques pour le Droit et la Volonté.

Tu as les Corps ou organes économiques pour la Valeur.

Reste la Moralité.

Peux-tu ou veux-tu prendre l'enseignement public, en le faisant libre pour lui donner plus d'autorité morale, et en lui donnant des méthodes exemptes de contradictions?

Si tu y réussis, tu auras édifié et organisé une grande République qui pourra prospérer et s'élever, *valere*, parce que ce sera une République de Droit, de Moralité et de Valeur.

Mais, en attendant, renforce-la, si tu peux, par des alliances sûres et profitables à tous; mais surtout, par de solides et fortes armées, d'autant plus fortes qu'elles seront celles de la Justice et de la Liberté.

***

Et pour finir, donnons un exemple antique de la force et de la valeur des institutions :

« Passant, va-t'en dire à Lacédémone que nous sommes morts ici pour obéir à ses lois. »

Or, le Patriotisme, c'est la France d'hier et d'aujourd'hui. — Celle d'aujourd'hui et de demain, la Liberté et l'Égalité. — C'est encore la France.

Or, rien de beau comme le Patriotisme, rien de grand comme la Liberté !

« Passant, tu peux aller dire à la France, notre Patrie, que nous mourrons tous, pour son indépendance et sa liberté. »

***

Avec le temps donc, tout s'arrangera, ou plutôt nous arrangerons tout, entre nous, pourvu que nous soyons assez sages et assez forts pour nous conserver.

Mais, qu'on y mette un peu de modération, parce qu'en fait de Bec-au-sac, la France ne manquera jamais de becs, mais elle pourrait bien manquer de sac. Et c'en serait fait alors de notre indépendance et de notre liberté.

***

Et maintenant, j'ai fini ; si j'ai eu un lecteur, je dois lui dire, en le remerciant : En voilà assez. Pardonne-moi

mes erreurs sur des problèmes que des hommes de plus
de valeur que moi pourront résoudre.

Et fais comme moi, va soigner ta vigne et tâche de
faire de bon vin. Avec quelques litres de ce bon vin, tu te
rendras les électeurs Frontignan et Boit-sans-soif favo-
rables.

Quant à Coupe-en-avant et Coupe-en-arrière, nos *artistes*
de Gouvernement, espérons qu'ils nous débarrasseront l'un
de l'autre; en attendant que le bon génie de la France,
qui la protège, lui envoie de véritables Hommes d'État.

TABLE

———

LIVRE DEUXIÈME

Économie politique.

LIVRE TROISIÈME

Économie politique
(Suite)

LIVRE QUATRIÈME

Économie politique
(Suite)

LIVRE CINQUIÈME

Politique.

BORDEAUX

IMPRIMERIE NOUVELLE DEMACHY, PECH ET Cie

16 — Rue Cabirol — 16